Bauernfrühstück

Gerichte der heimischen Landfrauen

Fotografiert von Günter Pump

Verlag Boyens & Co.

Erinnerungen an Omas Landküche

Das war eine wichtige Erfahrung damals für den Achtjährigen, der bei den Großeltern auf dem Lande die Ferien verbrachte. „Heute Mittag gibt es Bauernfrühstück", kündigte Oma beim Frühstück an. Und Opas Gesicht, das sich eben über der Zeitungslektüre ernst umwölkt hatte, nahm augenblicklich wieder heitere Züge an. Seine Augen leuchteten auf, seine Mundwinkel zogen sich nach oben und – ja tatsächlich – seine Zungenspitze glitt über seine Oberlippe, von links nach rechts.

Dem Jungen aus der Stadt wollte es zwar merkwürdig erscheinen, dass es heute zweimal Frühstück geben sollte und kein Mittagessen, aber er wagte den Punkt nicht anzusprechen, ging doch von Opas Gesicht eine Vorfreude, ja ein Vorgeschmack aus, der die schlichte Wohnküche in Verklärung brachte, als wären die ersten Sonnenstrahlen, die durchs Fenster fielen, der Vorschein heiliger Genüsse.

Oma war eine große Köchin vor dem Herrn. Und eigentlich auch wieder nicht. Was heißt schon „groß"? In einem Drei-Sterne-Hotel wäre sie wohl über die Arbeit am Abwaschbecken nicht hinauskommen; hieß es doch immer, Oma könne nicht zwei oder drei Kochtöpfe auf dem Herd gleichzeitig regieren. Aber das störte natürlich Opa und den Enkel überhaupt nicht: Was nämlich aus dem einen Topf oder vorzugsweise aus der Bratpfanne kam, das schmeckte einfach herrlich: Boddermelks-Klüten, Bohnen mit Backobst, Buttermilchsuppe mit Kohlwurst, Fliederbeersuppe, Kohlpfanne, Blaubeerpfannkuchen oder Rührei mit Schinken.

Bei allen diesen wunderbaren Gerichten entwickelte sich an dem alten Feuerherd – neben Wassereimern und Handtuchhalter auf der einen und Holz-, Torf- und Kohlenkiste auf der anderen Seite – jeden Mittag ein Duft, der allmählich die ganze Küche ergriff und alle Lebewesen einschließlich Hund und Katzen zu betören begann. Diese Dufterlebnisse sind dem Enkel geblieben, auch noch Jahrzehnte nach dem Tod der Großeltern vom Lande.

Und gewachsen ist auch die Hochachtung vor der Großmutter, die fast nur aus eigenem Haus, Hof und Garten in schönster Selbstversorgung so schmackhafte Gerichte auftischte, in die alle möglichen Reste von Brot und Kuchen und Fett irgendwie hineinzupassen schienen. „Oma kocht scharf", hieß es manchmal, denn sie würzte gut, aber scharf? – nein – es war ganz einfach nur richtig.

Viele von Omas Rezepten haben Töchter und Großtöchter nach vielen Jahren wieder nachgekocht, zum Teil aus alten Aufzeichnungen, zum Teil aus dem Gedächtnis. In diesem Buch sind sie – natürlich mit allen Möglichkeiten der heutigen Küche – liebevoll zusammengetragen und mit schönen Fotos illustriert, die an die Welt der Großeltern erinnern. Mit dabei ist auch das Bauernfrühstück, das es damals zum Mittagessen bei Oma und Opa gab. Wie diese Mischung aus Bratkartoffeln, Rührei, Schinken und sauren Gurken geschmeckt hat, erinnert der Enkel nach Jahrzehnten nicht mehr genau. Aber die Augen des Opas sieht er noch heute voller Vorfreude leuchten.

Guten Appetit wünscht
Ihr Verlag Boyens & Co.

Mein leckeres Frühstück
von Marianne Vehrs, Dellstedt

Quarkbrötchen: *500 g Quark, 500 g Mehl, 1 großes Ei, 1 EL Zucker, 1 TL Salz, 1 Päckchen Backpulver.*

Aus den Zutaten einen Rühr-Knetteig herstellen. 22 Brötchen formen und bei 200 °C ca. 20 Minuten backen.

Selbstgemachte Butter: *10–12 l Vollmilch vom Bauernhof.*

Die Milch 18 Stunden kühl stellen. Dann die Sahne abfüllen und nochmals einige Stunden in den Kühlschrank. Dann in eine Rührschüssel geben und mit dem Rührbesen rühren, bis die Sahne sich teilt. Die Buttermilch wird abgegossen und die Butter mit einem flachen Holzlöffel immer an den Schüsselrand gedrückt. Bis die Butter fest ist.

Kaltgerührtes rotes Johannisbeergelee: *1500 g rote Johannisbeeren, 625 g Zucker.*

Die kalt abgebrausten und abgetropften Beeren zerstampfen und in ein Safttuch geben und aufhängen, bis ca. $^1/_2$ l Saft herausgelaufen ist. Dann in die Rührschüssel geben und den Zucker dazu, mit dem Knethaken ca. $1^1/_2$ Stunden auf kleinster Stufe rühren, bis er dick wird. In Gläser füllen und verschließen. Im Kühlschrank aufbewahren.
Der Musrest kann für Rote Grütze verwendet werden.

Frühstück am Herbstmorgen
von Heinke Nübbel, Stelle

Kürbismarmelade: *1000 g Kürbisfleisch, 1–2 TL Zimt, $^1/_2$ TL Ingwerpulver, $^1/_2$ TL Nelkenpulver, $^1/_4$ TL geriebene Muskatnuss, 6 EL Zitronensaft, 1000 g Gelierzucker oder 500 g Konfitürenzucker.*

Das Kürbisfleisch durch die feine Scheibe des Fleischwolfes drehen. Das

Mus mit wenig Wasser etwa 10 Minuten im Topf dünsten. Danach die Gewürze unter die Masse rühren. Den Gelier- oder Konfitürenzucker in die Masse einstreuen, 3–5 Minuten sprudelnd aufkochen und in saubere Gläser einfüllen.

Kürbisbrot: *400 g Kürbisfleisch, 1 TL Salz, $^1/_4$ TL Nelkenpulver, $^1/_2$ TL Zimt, 1 TL Ingwerpulver.*
Kürbisfleisch und Gewürze in 150 ml Wasser etwa 10 Minuten dünsten. Überschüssiges Wasser abgießen.
500 g Weizenmehl Type 405, 5 EL Zucker, 1 Würfel frische Hefe, 50 ml lauwarme Milch, 2 EL weiche Butter, 1 TL Salz, 2 EL gehackte Kürbiskerne anrösten.
Aus den Zutaten einen Hefeteig in typischer Weise bereiten und 15 Minuten an einem warmen Ort gehen lassen. Butter, Salz und das abgekühlte Kürbispürree dazu, den Teig gut durchkneten und nochmals gehen lassen. Jetzt die Kerne in den Teig kneten und diesen in eine gefettete, mit Kürbiskernen ausgestreute Kastenform geben. Die Oberfläche des Brotes mit Wasser bepinseln und noch einige Kürbiskerne eindrücken.
Das Brot bei 185 °C ca. 45 Minuten goldbraun backen.

Kaltrühren statt kochen
Die Konfitüren sind besonders aromatisch, enthalten noch alle Vitamine. Nachteil: Sie sind nicht sehr lange haltbar. Immer nur vollreife, makellose Früchte verwenden. Nur so erhält die Konfitüre ihr Aroma.

Blaubeeren-pfannkuchen

6 Stück für 2 Personen

150 g Blaubeeren, 100 g Mehl, 1 Prise Salz, 2 EL Puderzucker, 1 TL Backpulver, 2 EL Butter, 1 Ei, 125 ml Milch, 2 EL Schmand, 2 EL Butterschmalz, 150 ml Ahornsirup, einige Stiele Zitronenmelisse zur Dekoration.

Blaubeeren auftauen lassen. Mehl, Salz, Puderzucker und Backpulver mischen. Butter zerlassen, leicht bräunen. Abkühlen lassen. Mit Ei, Milch und Schmand verquirlen. Unter das Mehl mixen, so dass ein dickflüssiger Teig entsteht. Den Teig 60 Minuten im Kühlschrank quellen lassen. 1 EL Butterschmalz in einer Pfanne erhitzen. Teig für 3 kleine Pfannkuchen hineinschöpfen, die Hälfte der Blaubeeren darauf verteilen. Von jeder Seite 4–5 Minuten backen. Herausnehmen und warm stellen.

Das restliches Butterschmalz erhitzen, aus dem übrigen Teig und den Blaubeeren 3 weitere Pfannkuchen backen. Auf 2 Tellern anrichten, mit Ahornsirup beträufeln, nach Wunsch mit Melisse dekorieren.

Vollkornpfannkuchen
von Anneliese Stahl, Meldorf

Für 2 Personen: *2 Eier, Salz, 100 ml Milch, 45 g Vollkornmehl, 2 EL (ca. 30 g) Sonnenblumenöl.*

Die Eier mit etwas Salz und der Milch verrühren. Das Mehl langsam unter Rühren dazugeben. In dem heißen Öl dünne Pfannkuchen goldbraun ausbacken.

Dazu passen sehr gut süße und pikante Füllungen wie Apfel oder Gemüse. Kann zu jeder Zeit gereicht werden.

Ganz einfach
von Marleen Schneider, Kaiser-Wilhelm-Koog

Für 1 Person: *1 Ei, 1 EL Mehl, 1 EL Milch, Pfeffer und Salz.*
Helles Vollkornbrot, Butter.

Ei, Mehl und die Milch gut verrühren mit Pfeffer und Salz (oder mit Zucker je nach Geschmack) würzen. Daraus einen Pfannkuchen backen.
Eine Scheibe Vollkornbrot mit Butter bestreichen und den Pfannkuchen auf das Brot legen.

Krabben auf Weißbrot
von Anneliese Stahl, Meldorf

Für 1 Person: *1 Scheibe Weißbrot, etwas Butter, einige Salatblätter, 100–200 g gepulte Nordseekrabben, 1 Zitronenscheibe, Dillzweige, ca. 1–2 EL Mayonnaise, etwas grob gemahlener schwarzer Pfeffer.*

Das Brot mit Butter bestreichen und mit 1 oder 2 Salatblättern belegen. Darauf die Krabben häufen. Mit Zitronenscheibe und Dillzweigen garnieren. Dann 1 Löffel Mayonnaise darüber geben und mit grobem Pfeffer aus der Mühle bestreuen.

Bauernfrühstück

600 g Kartoffeln, Salz, 4 EL But-
terschmalz, 250 g rohe Schinken-
würfel, weißer Pfeffer, 6 kleine
Gewürzgurken, 4 Eier, 1 EL gehackte
Petersilie.

Die Kartoffeln mit Schale in Salzwasser
20–30 Minuten garen, abziehen und in
Scheiben schneiden. Fett erhitzen.
Kartoffeln und Schinken unter Wenden
darin goldbraun braten. Salzen und
pfeffern. Gewürfelte Gewürzgurken
zugeben. Eier verquirlen, mit Salz und
Pfeffer kräftig abschmecken, über die
Kartoffeln gießen und stocken lassen.
Petersilie darüber streuen.

Strammer Max

von Heinke Nübel, Stelle

Pro Person: *1–2 Eier, 1–2 Scheiben*
Toast- oder Graubrot.
Eine Sauce bereiten aus: *Tomaten-*
mark, 2 Zwiebeln, 1 Glas Champig-
nons, 1 Glas eingelegte Paprika-
streifen, 1 Glas Spargelstückchen,
Salz, Pfeffer, Paprika, Knoblauch.

Die Eier als Spiegelei braten und auf
dem getoasteten Brot anrichten. Die
Sauce darüber geben.

Rührei mit Schinken

von Heidi Karstens, Brokdorf

4 Eier, 4 EL Milch, 1 Prise Salz, 100 g
Schinken, etwas Butter, Petersilie
oder Schnittlauch.

Eier, Milch und Salz kurze Zeit quirlen,
den Schinken in der Pfanne mit der
Butter anbraten und die Eiermasse
dazugeben.
Nach kurzer Stockung der Masse
eventuell auf Toast oder Schwarzbrot mit
etwas Butter darunter und mit den
Kräutern garniert servieren.

Rinderbrust mit Meerrettich

von Anneliese Stahl, Meldorf

Pro Person: *1 Scheibe Schwarzbrot,*
etwas Butter, einige Salatblätter,
etwa 100 g gepökelte, gekochte
Rinderbrust in Scheiben, etwas
Sahnemeerrettich, 2 kleine ein-
gelegte Gurken, 20 g rote Paprika-
schote, Brunnen- oder Garten-
kresse, etwas Meerrettichwurzel.

Das Brot mit Butter bestreichen und mit
Salatblättern belegen. Etwas Sahnemeerrettich darüber verstreichen, dann
die Rinderbrustscheiben darauflegen.
Mit gehobeltem Meerrettich, klein-
gewürfelter Paprika, längs geviertelten
Gurken und Kresse garnieren.
Kann zum Frühstück, zwischendurch
und auch abends serviert werden.

Bratkartoffeln
sollte man
möglichst aus
kalten Kartoffeln
zubereiten.
Wendet man sie in
ein wenig Mehl,
werden sie schön
knusprig braun.

Sonntags-Frühstücksquark

von Sigrid Schalkawies, Weddingstedt

500 g Magerquark, 1 Päckchen Vanillepulver, 1 TL Zucker, Sahne und Milch zum Glattrühren, Zitronensaft.
1 Dose Obstcocktail, 5 Löffel Müsli.

Den Magerquark mit Vanille, Zitronensaft, Zucker, Sahne und Milch glattrühren.
Das Obst in eine große Glasschüssel geben. Den zubereiteten Quark einfüllen und Müsli überstreuen.

Brötchen

von Silke Bornholdt, Tellingstedt

1000 g Mehl, 250 g Quark, 2 TL Salz, 2 TL Zucker, $^1/_2$ l Milch, 125 g Butter, 1 Würfel Hefe, 1 Ei.

Die Butter schmelzen und dann die Milch dazugeben. Nun alle Zutaten in einer Schüssel gut verkneten. Gehen lassen, nochmals durchkneten und ca. 28 Brötchen formen. Diese dann mit Eigelb und etwas Wasser bepinseln und nochmals gehen lassen.
Dann bei 190 °C Umluft ca. 15 Minuten backen.

Kümmelquark

von Heinke Nübel, Stelle

500 g Quark, Milch, etwa 2 EL Kümmel, Salz.

Die Zutaten miteinander verrühren und 1–2 Stunden ziehen lassen.

Schmalz

von Heinke Nübel, Stelle

250 g fetten Speck, 6–8 Zwiebeln, Salz.

Speck in feine Würfel und die Zwiebeln in feine Scheiben schneiden. Alles in der Pfanne braten, bis der Speck gut ausgelassen ist und die Zwiebelringe goldbraun sind. Das heiße Schmalz im Steinzeug erkalten lassen.
Dazu: kräftiges Schwarzbrot mit etwas Salz.

Quark mit Hering und Tomate

von Anneliese Stahl, Meldorf

250 g Quark, 2 zerkleinerte Tomaten, 2 kleingeschnittene Heringsfilets, 2 EL süße Sahne, etwas Schnittlauch und auch Petersilie, evtl. 1 gehackte Zwiebel, 1 kleiner, geschnittener Apfel und etwas Salz.

Alle Zutaten zusammen mit dem Mixer 1–2 Minuten auf Stufe 3 durchrühren. Lecker auf Toast oder Schwarzbrot.

Brötchen-Belag

von Andrea Tobegen, Wesselburen

200 g Kochschinken, 200 g Salami, 200 g Pilze, 200 g geriebener Käse, 200 g Sahne, Salz und Pfeffer.

Schinken, Salami und Pilze kleinschneiden, Käse und Sahne untermischen. Mit Salz und Pfeffer abschmecken. Brötchen damit bestreichen und 10 Minuten bei 175 °C im Backofen überbacken.

Vollkorn-Brötchen mit Kräutern

2 Vollkornbrötchen, 1 kleines Bund Schnittlauch, 1 kleines Bund Petersilie, 1 kleines Bund Basilikum, 100 g Käse, geriebener schwarzer Pfeffer, 2 Eier, getrennt.

Den Backofen auf 200 °C vorheizen. Die Brötchen halbieren und aushöhlen (die Krümel können zu Semmelbrösel getrocknet werden). Die Kräuter fein hacken. Geriebenen Käse mit Kräutern in eine Schüssel geben. Mit Pfeffer würzen, Eigelb unterziehen. Das Eiweiß steif schlagen, unter die Käse-Kräuter-Masse heben.
Die ausgehöhlten Brötchenhälften damit füllen und ca. 10 Minuten im Ofen hellbraun backen.

Marinierter Hering mit roten Zwiebeln

von Anneliese Stahl, Meldorf

Pro Person: 1 Scheibe Vollkorn- oder Schwarzbrot, etwas Butter, 2 marinierte Heringsfilets, rote Zwiebelringe nach Geschmack, 1 TL abgetropfte Kapern, einige Dillzweige, feingeschnittener Schnittlauch oder Kresse.

Das Brot mit Butter bestreichen. Die Filets abtropfen lassen und in Stücke schneiden. Auf das Brot legen, mit Zwiebelringen, den Kapern sowie Dill und wahlweise mit Schnittlauch und Petersilie oder Kresse garnieren.
Kann man als Frühstück oder auch als Abendbrot servieren.

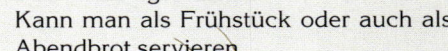

Tomatensalat
von Christa Elger, Heide

300 g Champignons, 100 g Zwiebeln, 3 EL Öl, Salz, Pfeffer, 1 TL Zitronensaft, 750 g Tomaten, 300 g Zucchini, $^1/_2$ Bund Basilikum, 4 EL Balsamico-Essig, 4 EL Rotwein.

Die Champignons putzen, waschen, trockentupfen und in Scheiben schneiden.

Zwiebeln schälen und würfeln. 1 EL Öl in einer beschichteten Pfanne erhitzen, Pilze und Zwiebeln ca. 3 Minuten darin dünsten. Mit Salz, Pfeffer und Zitronensaft würzen. Abkühlen lassen.

Tomaten brühen, abschrecken, häuten und achteln. Zucchini in dünne Scheiben schneiden oder hobeln. Basilikum waschen, trockenschütteln, die Blätter von den Stielen zupfen.

Alle Zutaten dekorativ auf einer Platte oder 4 Tellern anrichten.

Aus dem Balsamico-Essig, dem Rotwein, 3 EL Wasser, Salz, Pfeffer und dem restlichen Öl eine Marinade rühren und über den Salat träufeln.

Tomaten
Bewahren Sie Tomaten kühl und dunkel auf. Im Kühlschrank bekommen die Früchte ein glasiges Aussehen und verlieren schnell ihr Aroma.

Roter Heringssalat
von Dörte Quastenberg, Wesselburen

Für 8–10 Personen: *200 g Fleischwurst, 300 g Pellkartoffeln, 500 g
Matjesfilets und Salzheringe (ge-
mischt), 2 mittelgroße säuerliche
Äpfel, 200 g Rote Bete aus dem Glas,
2 Gewürzgurken, 1 kleine Zwiebel,
200 g Walnusskerne.
Ca. 200 g Salatmayonnaise, 1 Becher Crème fraîche, 2 Eier, Salz,
weißer Pfeffer, etwas Zucker, evtl. etwas Gurkenwasser zum Glattrühren.*

Alle Zutaten recht klein schneiden und in
einer großen Salatschüssel gut mischen.
Mit der Salatsauce übergießen und ver-
mengen. Am besten über Nacht durchziehen lassen. Vor dem Servieren
nochmals durchheben und dann 2 hart
gekochte klein gewürfelte Eier unterheben, abschmecken.
Dazu Toastbrot oder Schwarzbrot reichen.

Heringsschmaus
von Angela Plath, Lunden

*4 Matjesfilets, 1 saure Gurke, 2 hart
gekochte Eier, 1 Zwiebel, 2 EL Öl, etwas Zitrone.*

Matjesfilets durch den Fleischwolf geben. Gurke, Eier, Zwiebel und den Apfel
feinhacken. Alle Zutaten und Öl zusam-
mengeben, alles gut durchrühren und
mit Zitrone abschmecken.

Schmeckt besonders gut auf frischem
Brot.

Speckkrautsalat
*1 Weißkohl (1000 g), Salz, 10 EL Es-
sig, $^1/_4$ l Brühe, 1 TL Kümmel, 250 g
Frühstücksspeck in Scheiben und
frisch gemahlener Pfeffer.*

Den Weißkohl vierteln, den Strunk
entfernen und den Kohl fein hobeln.
Das gehobelte Kraut in leicht

gesalzenem, kochendem Wasser 1 Mi-
nute blanchieren. Abgießen, abtropfen
lassen und noch heiß in eine Salatschüssel umfüllen.
Den Essig mit der Brühe und dem Kümmel erhitzen und über das Kraut gießen.
Den Frühstücksspeck fein würfeln und
in einer trockenen Pfanne auslassen. Die
Speckwürfel unter den Salat heben und
mit Salz und Pfeffer abschmecken.
Den Krautsalat zugedeckt 1–2 Stunden
durchziehen lassen.

Fleischsalat
von Heinke Nübel, Stelle

*250 g Fleischwurst, 1 kleine Zwie-
bel, 1 Delikatessgurke, 1 hartgekochtes Ei, 1 EL Joghurt, $^1/_8$ l
Mayonnaise, evtl. Milch, 1 TL würzi-
ger Senf, evtl. Essig, Salz und Pfeffer.*

Die Fleischwurst in sehr feine Streifen,
Zwiebel, Gurke und Ei in feine Würfel
schneiden. Dazu 1 EL Joghurt und
Mayonnaise. Alles miteinander verrühren (sollte die abgeschmeckte
Mayonnaise zu fest sein, so kann noch
etwas Milch angegossen werden).
Mit 1 TL Senf alle Zutaten mischen und
1–2 Stunden ziehen lassen. Mit Salz
und Pfeffer, evtl. 1 EL Essig
abschmecken.
Variante: Kräuter
hinzugeben.

Bauernsalat mit pochiertem Ei

Eisberg-, Feld- und Radicchiosalat je 100 g, Salz, frisch gemahlener Pfeffer, $\frac{1}{2}$ Tasse Balsamico-Essig und eine $\frac{1}{2}$ Tasse Olivenöl, 50 g durchwachsener, geräucherter Speck, 1 Zwiebel, 1 Stange Lauch, 1 Knoblauchzehe, 1 Schuss Weißwein, 1 Tasse Gemüsebrühe, 8 Eier, Essigwasser, Kräuterzweige zum Garnieren.

Die Blattsalate waschen, gut abtropfen lassen und in mundgerechte Stücke zerpflücken und auf 4 Teller dekorativ anrichten, mit Salz und Pfeffer würzen. Den Balsamico-Essig und das Olivenöl gleichmäßig darüber träufeln.

Etwas Olivenöl in einer Pfanne erhitzen und den in feine Würfel geschnittenen Speck darin auslassen. Die geschälte und fein gehackte Zwiebel, den geputzten und in Streifen geschnittenen Lauch und die geschälte und gehackte Knoblauchzehe zum Speck geben und kurz mitschwitzen lassen.

Mit Weißwein ablöschen und mit der Gemüsebrühe auffüllen. Bei mäßiger Hitze 4–5 Minuten köcheln lassen und bereitstellen.

Die Eier im Essigwasser pochieren, herausnehmen und gut abtropfen lassen. Das warme Dressing gleichmäßig auf dem Salat verteilen, die Eier darauf. Das Ganze mit Kräuterzweigen garnieren und servieren.

Pochierte Eier
Leicht gesalzenes Wasser mit etwa 2 EL Essig säuern und zum Kochen bringen. Die Eier einzeln in eine Schöpfkelle schlagen, dicht über das Wasser halten und vorsichtig hineingleiten lassen. In 3–4 Minuten garen. Eier mit dem Schaumlöffel herausnehmen, abschrecken und die Ränder sauber schneiden

Chinakohlsalat

von Maren Fürst, Drage

Für 5 Personen: *1 Chinakohl, 2 Stangen Porree, 2 Paprika, 1 Dose Ananas, 1 Dose Mandarinen. 1 Glas Mayonnaise, Sahne.*

Alle Zutaten klein schneiden und in einer großen Salatschüssel gut mischen. Dann die Mayonnaise und ein wenig Sahne unterheben.

Schichtsalat

von Silke Bornholdt, Tellingstedt

1 Dose Mais, 1 Dose Ananas, 1 Glas Sellerie (gestiftelt), 6 Scheiben gekochten Schinken, 2–3 Äpfel, 1–2 Stangen Porree, 6–8 Eier, 1 großes Glas Miracel Whip, 200 g Sahne.

Alle Zutaten der Reihe nach in einer großen oder in 2 kleinen Glasschüsseln schichten. Dann die Sahne schlagen und das Glas Miracel Whip dazu geben. Die Sahne oben auf die beiden Schüsseln verteilen, damit alles gut bedeckt ist. Dieser Salat kann gut einen Tag vorher fertig gemacht werden.

Kartoffel-Gurken-Salat

1000 g Kartoffeln, Salz, 1/8 l klare Fleischbrühe, 125 g Mayonnaise (50 %), 1 TL scharfer Senf, 1 EL Weinessig, weißer Pfeffer, Zucker, 1 Zwiebel, 10 kleine Gewürzgurken, Petersilie.

Kartoffeln mit Schale waschen. In Salzwasser 30 Minuten garen. Abgießen, abziehen, abkühlen lassen und in Scheiben schneiden. Heiße Brühe zugießen, alles mischen und durchziehen lassen. Mayonnaise mit Senf und Essig verrühren. Mit Salz, Pfeffer und Zucker abschmecken. Geschälte Zwiebeln fein hacken. 1 Gewürzgurke in Fächerform schneiden und beiseite legen. Die übri-

Apfelsalat

von Heinke Jürgens, Wesselburen

750 g Äpfel, Zitrone, Haselnüsse, Walnüsse, Puderzucker, Rosinen, Milch und Sahne.

Die Äpfel schälen, Kerngehäuse entfernen. Äpfel in dünne Scheiben schneiden, mit dem Saft einer 1/2 Zitrone beträufeln. Mit je 3 EL gemahlenen Haselnüssen, geriebenen Walnüssen, Puderzucker und Rosinen mischen. 30 Minuten kalt stellen.
Vor dem Servieren je 1/2 Tasse Milch und Sahne mischen, darübergießen und mit Walnusshälften garnieren.

Porreesalat

von Ruth Nissen, Brunsbüttel

3 Stangen Porree, 1 Apfel, 1 Dose Mandarinen, 1 hartgekochtes Ei, 1 Glas Miracel Whip, etwas Pfeffer, evtl. Mandarinensaft.

Den Porree waschen und in sehr feine Scheiben schneiden, den geschälten und gewürfelten Apfel sowie die abgetropften Mandarinen und das zerkleinerte Ei zugeben. Miracel Whip unterrühren.

Dazu schmeckt Baguette.

Mit einem stabilen Eierschneider lassen sich gekochte Kartoffeln schnell in gleichmäßige Scheiben teilen. Das hat auch den Vorteil, dass die Marinade durch und durch einziehen kann und dadurch der Salat schön saftig wird.

gen Gurken klein würfeln. Mayonnaise-mischung, Zwiebeln und gewürfelte Gurken unter die Kartoffeln mischen.
1 Stunde durchziehen lassen. Mit Salz und Pfeffer nachschmecken, anrichten und mit dem Gurkenfächer und Petersilie garnieren.
Dazu Wiener Würstchen mit Senf reichen.

Kartoffelsalat mit Speckwürfeln

1000 g gekochte Pellkartoffeln, 50 g durchwachsener, geräucherter Speck, 1 mittelgroße Zwiebel, 4 EL Essig, *Salz, 2 Umdrehungen Pfeffer aus der Mühle, ca. ¹/₄ l gut gewürzte heiße Fleischbrühe (evtl. auch aus Würfeln).*

Die Kartoffeln noch warm schälen und beiseite stellen. In einer Pfanne den kleinwürfelig geschnittenen Speck gut ausbraten und darin die feingeschnittene Zwiebel goldgelb anbraten. Etwas abkühlen lassen, in eine Schüssel füllen und die Kartoffeln feinblättrig geschnitten dazugeben.
Den Essig mit 1 Msp. Salz, Pfeffer und Fleischbrühe vermischen und über die Kartoffelscheiben gießen. Alle Zutaten gut mischen und sofort servieren.

Kapuzinerkresse
Die roten, orangefarbigen oder gelben Blüten sind essbar; sie eignen sich hervorragend zur Dekoration von Salaten und kalten Speisen.

Kartoffelgratin
von Heinke Nübel, Stelle

1000 g Kartoffeln, Salz, 200 ml Sahne, ca. 200 g geriebener Käse.

Kartoffeln als Salzkartoffeln zubereiten. Die garen Kartoffeln in Scheiben schneiden und in eine feuerfeste, mit Fett ausgepinselte Form legen. Sahne und den Käse über die Kartoffeln geben und alles bei 200 °C ca. 20 Minuten überbacken.

Dazu: geräucherter, gebratener oder saurer Fisch. Sauerfleisch, auch Kurzgebratenes schmeckt dazu.

Kartoffelgratin
von Anneliese Stahl, Meldorf

1000 g Kartoffeln, 100 g geriebener Emmentaler, Salz, Pfeffer, 250 ml Sahne, 30 g Butter, etwas Butter für die Gratin-Form.

Kartoffeln schälen und in dünne Scheiben schneiden, salzen, pfeffern und schichtweise mit 50 g des geriebenen Käses in eine gebutterte Gratinform legen. Mit der Sahne übergießen, darauf den restlichen Käse und die Butterflöckchen verteilen.
Im Backofen bei 250 °C ca. 30–40 Minuten backen.
Dazu passt gegrilltes Fleisch und grüner Salat.

Krosse Käsekruste
Die köstliche Kruste auf Aufläufen und Gratins gelingt am besten mit Käse. Ideal sind Sorten, die gut schmelzen, z.B. Gouda, Raclettekäse, Emmentaler und Appenzeller. Damit die Oberfläche nicht austrocknet, zusätzlich Fettflöckchen aus Butter oder Margarine daraufsetzen oder alles mit Öl beträufeln.

Pikanter Kartoffelkuchen
von Dörte Quastenberg, Wesselburen

1300 g Kartoffeln, Salz, Pfeffer, Muskat, 4 Eier, 100 g durchwachsener gewürfelter Speck, 3 Zwiebeln, 1 Brötchen oder Weißbrot, $^1/_8$ l süße Sahne, 1 EL Margarine.

Kartoffeln und Zwiebeln reiben. Brötchen oder Brot in kleine Würfel schneiden und im Fett anrösten. Gewürfelten Speck und verschlagene Eier mit dem Kartoffel-Zwiebel-Teig vermischen. Mit den Gewürzen abschmecken und die süße Sahne unterziehen. Eine feuerfeste Form oder einen Topf einfetten, die Masse hineinfüllen.
Bei ca. 200 °C im Backofen ca. 60 Minuten garen.
Dazu einen frischen grünen Salat servieren.

Übrig gebliebener Kuchen kann auch in Scheiben geschnitten in der Pfanne mit Butter knusprig gebraten werden.

Brotpudding
von Birgit Teckentrup, Hamburg

2 Äpfel, Saft von 2 Zitronen, 6 gebutterte Weißbrotscheiben, 75 g Zucker, 50 g Rosinen, 3 Eier, 225 ccm Milch, 225 ccm Sahne.

Äpfel schälen, ausstechen und in Scheiben schneiden, in Zitronensaft wenden. Brotscheiben in Dreiecke schneiden, die Hälfte des Brotes in eine gebutterte, feuerfeste Form legen. Äpfel und Rosinen darauflegen und mit der Hälfte des Zuckers bestreuen.
Mit den restlichen Brotscheiben bedecken.
Eier, Milch und Sahne verquirlen, vorsichtig darübergießen und mit dem restlichen Zucker bestreuen.
40–45 Minuten im vorgeheizten Ofen (190 °C) goldbraun backen.
Es können danach auch noch angeröstete Mandelblättchen darüber gestreut werden.

Porree-Möhren-Auflauf mit Hack

von Andrea Tobegen, Wesselburen

400 g Kartoffeln, Salz, 300 g Möhren, 500 g Porree, 300 g gem. Hack, 3 EL Butter, 200 g Gouda, 4 Eier, 200 ml Sahne, 1 EL Semmelbrösel.

Kartoffeln in kochendem Salzwasser garen, in Scheiben schneiden. Gemüse putzen, Möhren und Porree in ca. 5 cm lange Stücke teilen, ca.12 Minuten dünsten. Hack in Butter krümelig braten und pfeffern. Käse reiben.

Auflaufform fetten, Kartoffeln hineinschichten, würzen, wenig Käse darüber streuen. Fleisch mit etwas Gouda zufügen, abwechselnd Gemüse einschichten, mit restlichem Käse bestreuen. Eier mit Sahne, Salz und Pfeffer verquirlen und über den Auflauf gießen. Semmelbrösel darüberstreuen.

Im vorgeheizten Ofen 25 Minuten bei 180 °C backen.

Spargel-Schinken-Auflauf mit Kartoffeln

von Renate Voß, Großenrade

400 g Kartoffeln, 600 g Spargel, 1 Zwiebel, 1 Bund Petersilie, 200 g Schinkenwürfel, Salz, Pfeffer, Muskat, 125 g Sahne, 2 Eier, 1 Zehe gehackten Knoblauch.

Geschälte Kartoffeln in ca. 2 mm dicke Scheiben schneiden und gefächert in eine ausgefettete Form geben, gehackte Zwiebeln und Petersilie darüber streuen und mit Salz, Pfeffer und gehackten Knoblauch bestreuen.
Den in kleine Würfel geschnittenen Schinken darüber geben und mit Spargelstücke belegen. Nun über den Spargel nochmals Schinkenwürfel gleichmäßig verteilen.
Eier und Sahne leicht anschlagen und mit Salz, Pfeffer und Muskat abschmecken.
Das Ganze über den Auflauf gießen und mit Käse bestreuen, in einem vorgeheizten Backofen bei 200 °C ca. 40 Minuten backen.

Speck würfeln
Beim Würfeln gibt Speck meist nach wie Gummi. Besser geht es, wenn er vorher 30 Minuten ins Gefrierfach kommt.

Kohlrabi-Kartoffel-Auflauf

von Sünje Voß, Großenrade

3–4 mittlere Kohlrabi-Knollen, 500 g festkochende Kartoffeln, 3–4 Zwiebeln, 150 g gekochter Schinken, Salz, Pfeffer, Muskat, reichlich Emmentaler, 1/4 l Milch, 1 Becher Sahne, 2 Eier, Semmelbrösel.

Kohlrabi, Kartoffeln und Zwiebeln in möglichst dünne Scheiben schneiden.
In eine eingefettete flache Auflaufform werden jeweils Kartoffeln und Kohlrabi abwechselnd und jeweils dazwischen Schinken, einige Zwiebelstreifen, Salz, Pfeffer, frischer Muskat und Emmentaler geschichtet.
Wichtig dabei: Mit Kartoffeln anfangen und aufhören.
Milch, Sahne und Eier verrühren und mit Salz, Pfeffer und Paprika edelsüß würzen. Alles über den Auflauf geben.
Der restliche Käse wird mit 2–3 EL Semmelbrösel vermischt und zusammen mit ein paar Butterflöckchen auf dem Kohlrabi und den Kartoffeln verteilt.
40–45 Minuten bei 200 °C im Ofen backen.

Porree-Schinken-Auflauf

von Dörte Quastenberg, Wesselburen

1000 g Porree, 250 g gekochten Schinken, 30 g Mehl, 1/4 l Milch, Salz, Pfeffer, Muskat, 1 Prise Zucker, 250 g Schmelzkäse.

Porree putzen, in Ringe schneiden und in Salzwasser ca. 5 Minuten dünsten. In ei-

nem Sieb abtropfen lassen, Gemüsewasser auffangen.

Den Schinken in Streifen schneiden. Aus Fett, Mehl, Milch und $\frac{1}{4}$ l Gemüsewasser eine Bechamelsauce kochen, mit Salz, Pfeffer, Muskat und Zucker abschmecken. Den Schmelzkäse darin auflösen.

Eine Auflaufform einfetten. Porree und Schinken darin einschichten und mit der Käsesauce übergießen.

Wer möchte streut noch etwas geriebenen Käse darüber.

Bei 175–200 °C im Ofen ca. 20 Minuten backen.

Dazu Baguette oder Kartoffeln.

Blumenkohl-Brokkoli-Auflauf

von Heinke Nübel, Stelle

1000 g Blumenkohl, 750 g Brokkoli, ca. 500 g Hackfleisch, 1 große Zwiebel, Salz, Pfeffer, Paprika, Knoblauch, 200 ml Sahne, etwas geriebener Käse.

Blumenkohl und Brokkoli 20 Minuten garen. Hackfleisch, Zwiebel gewürzt mit Salz, Pfeffer, Paprika und Knoblauch in der Pfanne braten - auf eine „krümelige" Konsistenz achten.

Das gegarte Gemüse mit dem fertigen Hack vermengen und in eine feuerfeste, mit Fett ausgepinselte Form geben. Sahne und den geriebenen Käse darüber geben und 20–30 Minuten bei 200 °C backen.

Brokkoli
Im Geschmack erinnert er an grünen Spargel und Spinat. Außer der „Blume" können auch die Stiele verzehrt werden.
Gekühlt hält er sich 2–3 Tage

Gemüseallerlei mit Krabben
von Hanna Suhr, Meldorf

1 EL Butter, 1 Zwiebel, 1 Tasse geschälte, in Scheiben geschnittene Kartoffeln, 1 Tasse in Ringe geschnittenen Porree, 1 Tasse in Würfel geschnittener Sellerie, 1 Tasse in Scheiben geschnittene Möhren, 4 mittlere Tomaten in Scheiben geschnitten, $^1/_2$ l Fleisch- oder Gemüsebrühe, 2 Tassen Krabbenfleisch, Sahne, Petersilie.

Gemüse kurz mit der gehackten Zwiebel schmoren, dann die Brühe zugeben. Alles bei geringer Hitze 20–30 Minuten garen, dann mit dem Pürierstab zerkleinern. Mit Salz abschmecken.
Das Krabbenfleisch auf Teller oder in Tassen geben, Suppe einfüllen und mit geschlagener Sahne und Petersilie verzieren.

Bohnentopf mit Backobst
von Susanne Kromrei, Hamburg

375 g weiße Bohnen, 2 Brühwürfel, 500 g Kasseler Nacken, 1 Bund Suppengrün, 250 g gemischtes Backobst, Salz und Pfeffer, 2–4 EL Essig, $^1/_2$–1 EL Zucker.

Die Bohnen waschen und über Nacht in 2 l Wasser einweichen. Im Einweichwasser mit den Brühwürfeln zum Kochen bringen und zugedeckt 2 Stunden garen. Nach 1 Stunde das Fleisch in die Brühe geben und nach weiteren 30 Minuten das kleingeschnittene Suppengrün und Backobst zufügen. Das Fleisch herausnehmen, vom Knochen lösen, kleinschneiden und in die Suppe zurückgeben. Die Bohnensuppe mit Salz, Pfeffer, Essig und Zucker abschmecken.

Kartoffelsuppe mit Mais

von Ute Tautz-Dankert, Brunsbüttel

100 g durchwachsener Speck, 1 gr. Zwiebel, ca. 500 g mehlig kochende Kartoffeln, $^3/_4$ l Brühe, $^1/_4$ l Milch, süße Sahne, 300 g Gemüsemais, Salz, Pfeffer, Zucker, geröstete Brotwürfel oder feine Wiener Würstchen.

Die Kartoffeln waschen und schälen, in dünne Scheiben schneiden, in der heißen Gemüsebrühe 15–20 Minuten garen.
Inzwischen den Speck in Würfel schneiden und auslassen, die feingehackten Zwiebeln darin gar dünsten (glasig werden lassen), dazugeben und unterrühren. Mais, Milch und Sahne dazugeben, aufkochen und würzen.

Mit gerösteten Brotwürfeln oder Würstchen servieren.

Croûtons
Für jede Person 1 Scheibe altbackenes Toastbrot entrinden und fein würfeln. In heißer Butter rösten. Croûtons erst bei Tisch über die Suppe streuen, damit sie knusprig bleiben.

Doppelte Kraftbrühe

von Christel Quade, Heide

$1^1/_2$ l Fleischbrühe, 400 g mageres Rindfleisch, 1 Möhre, $^1/_2$ Stange Porree, 1 Eiweiß.
Für die Einlage: 1 Möhre, $^1/_2$ Stange Porree, $^1/_4$ Sellerieknolle, einige frische Champignons, 2 EL feine Erbsen.

Rindfleisch in der Moulinette fein hacken, Möhren und Porree würfeln. Fleisch und Gemüse mit dem Eiweiß vermischen, mit der kalten Brühe aufgießen und 45 Minuten kochen lassen. Inzwischen Möhren, das Weiße des Porrees, Sellerie und Pilze in feine Streifen schneiden. Das Gemüse in einem kleinen Teil der Brühe 10 Minuten kochen lassen (es muß bissfest bleiben). Zum Schluß auch die Erbsen dazugeben. Suppe durch ein Haarsieb seihen, noch einmal aufkochen lassen und in Tassen füllen. In jede Tasse einen gehäuften EL Gemüse geben.

Kartoffelsuppe

1 Zwiebel, 200 g mehligkochende Kartoffeln, 1 El Butter oder Margarine, $^1/_2$ l milde Brühe, 1 Bund frisches Basilikum, $^1/_2$ Becher Schlagsahne (100 g), Salz, Muskat, 1 Msp. abgeriebene Schale einer unbehandelten Zitrone.

Zwiebel abziehen und fein hacken. Kartoffeln schälen und klein schneiden. Zwiebelwürfel in Butter oder Margarine leicht andünsten. Kartoffeln zufügen. Mit Brühe begießen und zugedeckt etwa 15 Minuten weich kochen.
Inzwischen die Basilikumblättchen von den Stengeln zupfen, die schönsten zum Garnieren zurücklegen. Den Rest grob hacken, zur Suppe geben.
Die Suppe pürieren, danach die Sahne unterschlagen. Nochmals kurz erhitzen und mit Salz, Muskat und Zitronenschale mild abschmecken. Mit Basilikumblättchen bestreut anrichten.

Buttermilchsuppe

von Silke Bornholdt, Tellingstedt

1 l Buttermilch, etwa 1–2 Tassen Nudeln, 3 Eier, 4–5 EL Zucker.

Die Buttermilch zum Kochen bringen, dann die Nudeln hineingeben. Langsam kochen lassen, bis die Nudeln gar sind. Dann alles abkühlen lassen und evtl. mit Milch auffüllen. Eier und Zucker (nach Geschmack) verrühren und unter die Buttermilch mischen.

Boddermelks-Klüten

1 l Buttermilch, ¹/₂ Stange Kanel, etwas unbehandelte Zitronenschale, Zucker nach Geschmack. ¹/₄ l Milch, 40 g Grieß, 1 Prise Salz, 3 Eier, 2 gehäufte EL Mehl.

Buttermilch, Kanel und etwas Zitronenschale (Zucker nach Geschmack) unter ständigem Rühren zum Kochen bringen. Klöße: Milch zum Kochen bringen, den Grieß hineingeben. Erkalten lassen. Danach die Eier und das Mehl darunter geben. Mit einem Löffel Klöße abstechen, in die Buttermilch setzen und garziehen lassen. Danach die Suppe mit Eigelb legieren.

Buttermilchsuppe mit Kohlwurst

von Anneliese Stahl, Meldorf

1 l Buttermilch, 125 g Perlgraupen, 4 Kohlwürste (Kochwurst), 4 Kochbirnen, Vanille-Puddingpulver.

Buttermilch unter ständigem Rühren zum Kochen bringen, Perlgraupen und Würste in die kochende Buttermilch geben. Etwa 30 Minuten auf kleinster Flamme garen. Kochbirnen schälen, vierteln und dazugeben. Ca. 5–10 Minuten kochen lassen. Dann mit etwas Puddingpulver ansämen.

Weinsuppe

$1^1/_2$ l Wasser, 80 g Sago, Zitronenschale, 60 g Zucker, 60 g Rosinen, 1–2 Eier, $^1/_2$ l Weißwein.

In das kochende Wasser wird der Sago und die Schale einer viertel Zitrone gegeben und der Sago fast gar gekocht. Dann werden die Rosinen hineingetan, und wenn sie weich sind, wird die Suppe mit dem mit Zucker verrührten Eigelb legiert und mit Zucker und Wein abgeschmeckt. Das geschlagene Ei, mit Zucker vermischtes Eiweiß wird in Klößchen auf die Suppe gesetzt.

Maren's Weinsuppe

von Maren Fürst, Drage

$1^1/_2$ l Wasser, 1 Stange Zimt, 125 g Perlgraupen, 250 g Rosinen, 150 g Zucker, $^1/_4$ l Rum, $^3/_4$ l Wein, 1 Ei.

Graupen, Rosinen und Zimt 45 Minuten aufkochen. Dann den Zucker, Rum (nach Geschmack), Wein und das Eigelb unterrühren.
Eiweiß steif schlagen und auf die Suppe setzen.

Käse-Porree-Suppe

von Andrea Tobegen, Wesselburen

850 g Porree, 1 EL Margarine, 2 Zwiebeln, 1 l Brühe, 1 Kräuterschmelzkäse, 1 Becher Sahne, Zucker, Salz, Pfeffer, 5 Scheiben gekochter Schinken.

Porree mit Margarine und den gewürfelten Zwiebeln 25 Minuten dünsten.
Eine Brühe herstellen und den Schmelzkäse darin auflösen. Dann den gedünsteten Porree dazugeben, dazu die Sahne, $^1/_2$ TL Zucker, Salz und Pfeffer nach Geschmack und den kleingeschnittenen Schinken.
Dazu: Partybrötchen.

Käsecremesuppe

von Ruth Nissen, Brunsbüttel

1 große Zwiebel, 30 g Fett, 40 g Mehl, $^1/_4$ l Wasser, 4 Ecken Schmelzkäse, 1 l Brühe, Salz, Paprika.

Zwiebel würfeln und im heißen Fett glasig dünsten, das Mehl hinzufügen, durchschwitzen lassen, mit $^1/_4$ l Wasser auffüllen. Jetzt den Käse zugeben, kräftig umrühren und bei geringer Hitze schmelzen lassen. Sobald der Käse aufgelöst ist, die Brühe zugießen und mit den Gewürzen abschmecken.

Als Einlage: geröstete Weißbrotwürfel und Schnittlauch.

Gurkensuppe

von Anke Junge, Dellstedt

2 große Zwiebeln, 1 große Salatgurke, 2 EL Butter, $^1/_2$ l Hühnerbrühe, 1 Becher Crème fraîche, Dill.

Zwiebeln schälen und klein schneiden.
Die Gurke schälen, ausschaben und in Stücke schneiden.
Das Fett erhitzen und die Zwiebeln und Gurken darin andünsten. $^1/_4$ l Hühnerbrühe dazugeben und gar köcheln, dann pürieren.
Zum Schluß den Rest der Hühnerbrühe, Crème fraîche und 1 EL Dill dazugeben.

Zucchini-Suppe

von Anke Junge, Dellstedt

2 kleine Zucchini, 2 Kartoffeln, Salz, Pfeffer, 1 l Gemüsebrühe, 1 Knoblauchzehe, 1 kleine Zwiebel.

Alle Zutaten zusammen kochen, bis die Kartoffeln gar sind. Dann $^1/_4$ l Sahne und 1 EL Olivenöl dazugeben und pürieren. 2 EL geröstete Kürbiskerne darüber geben.

Gulaschsuppe

von Christa Korinth, Tellingstedt

Rinder- oder Schweinegulasch, Bratfett, Zwiebeln, Pfeffer, Salz, Paprikagewürz, Fleischbrühe, Saucenbinder (dunkel), Tabasco, 1 Dose Mais, 1 Dose Pilze, frische Paprika (grün und rot), nur wenige von den weißen Kernen dazunehmen, frische Tomaten (schälen und würfeln), nach Belieben Erbsen, Möhren oder Bohnen.

Gulasch in kleine Würfel schneiden, mit Pfeffer, Salz und Paprika würzen, zusammen mit den geschnittenen Zwiebeln in eine Pfanne geben und das Fleisch gar braten. Jetzt das Fleisch mit den anderen Zutaten (nebst Flüssigkeit aus der Dose) in einen Kochtopf geben. Danach alles mit etwas Fleischbrühe auffüllen, so dass alles mit Flüssigkeit bedeckt ist. Alles zum Kochen bringen und langsam weiterkochen lassen. Zwischendurch öfters umrühren, sonst setzt es an.

Nach Geschmack mit Pfeffer, Salz und Paprika nachwürzen, einige wenige Spritzer Tabasco dazutun. Zum Abschluß mit Saucenbinder binden. Wenn die Suppe schon 1 Tag vorher vorbereitet wird, erst am nächsten Tag binden.

Mitternachtssuppe

von Bettina Dreeßen, Brickeln

2 Zwiebeln, 600 g gem. Hackfleisch, 2 Paprikaschoten, $1^1/_2$ bis 2 l Brühe, 1 Dose Tomatenmark, 1 Dose Champignons, 1 Becher süße Sahne, 1 Becher saure Sahne, etwas Mehl zum Andicken.

Die Zwiebeln mit dem Hackfleisch anbraten, dann die klein geschnittenen Paprikaschoten, die Champignons, das Tomatenmark und die Brühe (Fleischbrühe) zugeben und ca. 30 Minuten

köcheln. Dann die Sahne zugeben und mit dem Mehl andicken.
Die Suppe schmeckt mit Meterbrot oder Ciabattabrot zu später Stunde.

Margas Suppe
von Marga Struve, Thaden

500 g Hack, 4 Zwiebeln, 125 g Schinkenspeck, 500 g Tomatenpüree oder Tomatenmark, 3 Knoblauchzehen, 1^1/$_2$ l Brühe, 500 g Sauerkraut, 3 Gewürzgurken, 2 TL Paprikapulver, 1 TL gem. Kümmel, 1 EL Chilipulver, Salz, Pfeffer, Zucker, 3 Glas Wacholderschnaps oder Gin, 2 Becher Crème fraîche, Schnittlauch.

Zwiebeln, Knoblauch und Speck fein würfeln und mit dem Hackfleisch anbraten. Sauerkraut zerkleinert zugeben und 5 Minuten schmoren lassen. Tomatenpüree oder -mark zugeben. Mit der Brühe auffüllen und weitere 10 Minuten kochen. Gurkenwürfel, Gewürze und Wacholderschnaps zugeben und pikant abschmecken.
Crème fraîche kurz vor dem Servieren einrühren. Mit Schnittlauch bestreuen.

Sigrid's Kürbissuppe
von Sigrid Schalkawies, Weddingstedt

2 l Wasser, 1000 g Fleischknochen, Salz, 1 mittelgroßer Kürbis, Salz, Pfeffer, Ingwer, Zucker, ^{1}/$_2$ l Schlagsahne, Orangensaft, grüne Kürbiskerne, Porreeringe, ggf. Kürbisöl, fertige Fleischklößchen.

Im Schnellkochtopf eine Fleischbrühe kochen. Einen mittelgroßen Kürbis schälen, in Stücke schneiden. Mit Salz, Pfeffer, Zucker, Ingwer in der Brühe garkochen. Die Suppe mit dem Pürierstab pürieren und die Sahne dazugeben. Mit Orangensaft abschmecken.
Die Suppe in der Suppenschüssel mit gehackten Kürbiskernen, Porreeringen und ggf. mit Kürbisöl servieren.
Dazu gibt es Fleischklößchen.

Grünkohlsuppe „Klüten Kaul Supp"
von Marleen Schneider, Kaiser-Wilhelm-Koog

Etwa 1000 g frisch gezupfter Grünkohl, 250 g magerer, durchwachsener Räucherspeck, 2 Zwiebeln, je 1 EL Butter und Margarine, 1 Möhre, 1 Scheibe Sellerie, 3 Kartoffeln, 1 Handvoll Reis. Hackbällchen: 200 g Hack, Ei, Paniermehl, Zwiebel, Pfeffer, Salz.

Grünkohl kurz mit Wasser aufkochen (etwa 5 Minuten), das Wasser abgießen. Dann neu mit Wasser aufsetzen und mit der Schwarte vom Räucherspeck garkochen. Abgießen, Brühe auffangen.
Grünkohl abkühlen lassen, ausquetschen und den Kohl klein hacken.
Nun 2 gewürfelte Zwiebeln mit dem Fett und dem gewürfelten Speck anbraten. Mit der Brühe ablöschen und Wasser auffüllen.
Dann die Möhren-, Sellerie-, Kartoffelwürfel und Reis in dem Topf garkochen (etwa 20 Minuten), den Grünkohl zugeben und aufkochen.
Zum Schluß die Hackbällchen garziehen lassen.
Abschmecken mit Salz, etwas Pfeffer und Muskat.

Grünkohl
Ein ausgesprochenes Wintergemüse. Am besten schmeckt Grünkohl, wenn er Frost abbekommen hat, dann ist der Zuckergehalt am höchsten. Ernten sind den ganzen Winter über direkt vom Beet möglich.

Deftige Kohlsuppe

1 Schinkenknochen, 375 g Rosenkohl, 1 kleiner Blumenkohl, 250 g Räucherschinken, $1/8$ l Milch, Salz, 1 EL Butter, 65 g Mehl, 1 Ei, geriebene Muskatnuss, 1 Bund Petersilie.

Den Schinkenknochen in 2 l Wasser geben, aufkochen und abgießen. Erneut in $1\frac{1}{2}$ l Wasser zum Kochen bringen. Dann 90 Minuten ziehen lassen.
Rosenkohl putzen und Blumenkohl in Röschen teilen. Schinken grob würfeln. Milch, Salz und Fett aufkochen, das Mehl hineinschütten. So lange rühren, bis sich der Teig als Kloß vom Topfboden löst. Ei und Muskat einrühren und kleine Klößchen abstechen. In kochendem Wasser 10 Minuten ziehen lassen.
Den Kohl und den Schinken in der Suppe 30 Minuten garen. Das Fleisch vom Schinkenknochen lösen und gewürfelt mit den gut abgetropften Schwemmklößchen in die Suppe geben.

Mit Petersilie bestreut servieren.

Bratwurst mit Weißkohlsalat

500 g Weißkohl, 1 rote und 1 grüne Paprikaschote, 4 EL Essig, 4 EL Öl, Salz, Pfeffer, 1 Bund Petersilie, 4 TL mittelscharfer Senf, 2 EL Mayonnaise, 4 feine Bratwürste, 4 Scheiben durchwachsener Speck.

Weißkohl fein hobeln, Paprikaschoten in Streifen schneiden. Aus Essig, Öl, Salz und Pfeffer eine Marinade zubereiten und den Salat darin 30 Minuten ziehen lassen.
Inzwischen gehackte Petersilie, Senf und Mayonnaise verrühren. Die Würste 5 Minuten in Wasser erwärmen, dann von einer Seite grillen. Die gegenüberliegende Seite längs einritzen und mit der Senfmischung füllen. Mit Speck umwickeln und von der nicht gefüllten Seite weitere 5 Minuten grillen.

Wirsing-Eintopf

1000 g Dithmarscher Wirsingkohl, 150 g Möhren, 4 Zwiebeln, 750 g Lammkeule, 20 g Butter, Kümmel, $3/4$ l Rinderbrühe, Salz, Pfeffer, 250 g Speckknödel, 1 Bund Schnittlauch.

Kohl putzen und in große Stücke schneiden. Möhren in Scheiben schneiden, Zwiebeln achteln. Lammfleisch in große Würfel schneiden und in heißem Fett anbraten. Gemüse und Kümmel zufügen. Mit der Brühe auffüllen und zum Kochen bringen. Zugedeckt 50–60 Minuten garen. Mit Salz und Pfeffer abschmecken. Die Speckknödel nach Packungsanweisung zubereiten. Dann in den Eintopf geben und mit Schnittlauchröllchen bestreut servieren.

Kohlpfanne
von Andrea Tobegen, Wesselburen

Hackfleisch, Schinkenwürfel, Zwiebel (gewürfelt), Weißkohl, Tomatenmark, Schmelzkäse. Menge je nach Bedarf.

Hackfleisch mit den Schinkenwürfeln und den Zwiebeln in einer Pfanne anbraten. Weißkohl in kleine Streifen schneiden und dazugeben. Etwas Wasser dazu und aufkochen. Unter geringer Hitze gar kochen.
Zum Schluß Tomatenmark und den Schmelzkäse dazugeben.

Kohlrouladen

1 mittlerer Kopf Weißkohl, $1^1/_2$–2 l Kohlbrühe zum Vorkochen, Frikadellenteig von 400 g Hackfleisch mit den üblichen Zutaten, Fett zum Anbraten, ca. $^1/_2$–$^3/_4$ l Wasser zum Schmoren, 25–30 g Mehl, evtl. etwas gekörnte Brühe.

Den Kohl von schlechten Blättern und dem Stengel befreien, abwaschen, Salzwasser zum Kochen bringen, den Kohlkopf 10–15 Minuten darin vorkochen und auf ein Sieb legen. Jetzt trennt man vorsichtig die Blätter ab, breitet die großen Blätter auf einer Platte aus, legt die inneren Blätter darauf, gibt auf jede Portion eine längliche Frikadelle, wickelt die Blätter fest herum, schließt mit einem Baumwollband (keine Wolle), brät von allen Seiten in heißem Fett gut braun, gibt etwas Kohlbrühe darauf und läßt sie langsam im geschlossenen Topf schmoren. Nach Bedarf Kohlbrühe nachfüllen, zum Schluß (nach 30–45 Minuten) die Tunke auf $^1/_2$ l ergänzen und mit glatt ausgerührtem Mehl binden, abschmecken.

Von den Rouladen das Band lösen, auf angewärmter Platte warm stellen und verziert auf den Tisch stellen.

Altenländer Wirsingrouladen

1 Wirsing (ca. 750 g), Salz, 250 g Kasseler ohne Knochen, 2 Lauchzwiebeln, 2 rote Äpfel, grober Pfeffer, 1000 g Kartoffeln, 30 g Butterschmalz, 125 ml Apfelsaft, Kümmel, 75 ml Milch, 50 g Butter, 1 Schachtel Kresse, Muskat.

Wirsing putzen und waschen. 8 Blätter ablösen und in kochendem Salzwasser

2–3 Minuten blanchieren. Abtropfen lassen und den Strunk entfernen bzw. flachschneiden.

Kasseler in kleine Würfel schneiden. Lauchzwiebeln waschen, putzen und klein schneiden. 1 Apfel waschen, Kerngehäuse entfernen, würfeln. Mit Kasseler und Lauchzwiebeln mischen und mit Pfeffer bestreuen. Die Mischung auf je zwei überlappende Wirsingblätter geben, aufrollen und mit Küchengarn umwickeln.

Restlichen Wirsing klein schneiden.

Die Kartoffeln schälen, waschen, klein schneiden und in kochendem Salzwasser 20 Minuten garen.

Butterschmalz erhitzen und die Wirsingroulade darin anbraten. Herausnehmen und den übrigen Wirsing darin anschwitzen. Mit dem Apfelsaft ablöschen; die Wirsingroulade wieder in den Topf geben und Kümmel zufügen. Zugedeckt 30 Minuten schmoren lassen.

Restlichen Apfel waschen, Kerngehäuse entfernen, in dünne Scheiben schneiden. 5 Minuten vor dem Garende zum Wirsinggemüse geben.

Kartoffeln abgießen und durch die Presse drücken und mit heißer Milch und Butter verrühren. Kresse waschen, mit einer Schere abschneiden, unter das Püree heben und mit Muskat würzen.

Wirsinggemüse mit Salz würzen und zu den Rouladen und dem Katoffelkressepüree anrichten.

Mit Apfelfächern garnieren.

Sauerkraut mit Sekt

1000 g Sauerkraut, 1 große Zwiebel, 2 Gewürznelken, 100 g fetter Speck, 2 El Öl, je $\frac{1}{8}$ l Fleischbrühe und trockener Weißwein, 2 Lorbeerblätter, $\frac{1}{8}$ l Sekt, je 1 Prise Salz und Zucker.

Sauerkraut mit zwei Gabeln lockern. Zwiebel schälen und Gewürznelken in die Zwiebel stecken. Speck in vier gleichgroße Stücke schneiden. Öl erhitzen und Sauerkraut gründlich darin wenden. Die Fleischbrühe erhitzen und zum Sauerkraut gießen. Zwiebel, Lorbeerblätter, Speckstücke und Weißwein hinzufügen. Zugedeckt bei mittlerer Hitze ca. 50 Minuten schmoren. Speck und Zwiebel entfernen. Kraut mit Salz und Zucker abschmecken und kurz vor dem Servieren mit dem Sekt mischen.

Sauerkraut köstliches Powerkraut
Nicht umsonst hatte Captain James Cook 60 Fässer Sauerkraut an Bord, als er in See stach. Es war vor allem der hohe Vitamin-C-Gehalt, der die Mannschaft vor Skorbut schützte. Aber das Kraut hat auch kulinarisch einiges zu bieten.

Pökelrippchen mit Wirsingkohl

von Dörte Kromrei, Heide

1000 g gepökelte Schweinerippchen (vorbestellen), 3 EL Butter/Margarine, Pfeffer, Zucker, 1 Lorbeerblatt, 250 g Möhren, 1000 g Wirsingkohl, Salz.

Schweinerippchen in vier Teile schneiden und in heißem Fett anbraten. Pfeffer, Zucker, Lorbeer und $^1/_2$ l Wasser zufügen und 40 Minuten garen. Die Möhren in Stücke, Wirsing in feine Streifen schneiden. Fleisch aus der Brühe nehmen und warm stellen. Gemüse 15 Minuten in der Brühe kochen. Fleisch und Gemüse anrichten.

Dazu Kartoffelpüree.

Fertiges Kartoffelpüree aus der Packung schmeckt lecker würzig, wenn man es statt mit Wasser mit Gemüse- oder Fleischbrühe anrührt.

Saure Rippen

von Annemarie Hillger, Krempel

2000 g dicke Rippen und 2000 g Nacken, 2 l Wasser oder Brühe, 2 l Weinessig, etwa 12 Lorbeerblätter, 18 Nelkenköpfe, 20 weiße Pfefferkörner, 20 schwarze Pfefferkörner, 9 TL Salz, 8 EL Zucker, 12 Zwiebeln, 4 Tüten gemahlene Gelatine (oder Schweinepfötchen).

Alle Zutaten in einem Topf garkochen, ca. 90 Minuten. Das Fleisch in Portionen schneiden und auf Gläser verteilen. Die Gelatine ganz zuletzt in die Flüssigkeit einrühren. Danach die Flüssigkeit in die Gläser gießen. Zum baldigen Verbrauch in eine Schüssel geben.

Man isst dazu Bratkartoffeln oder Kartoffelpüree.

Lübecker National

von Bettina Meyer, Lübeck

750 g Schweinefleisch aus der Oberschale, 2 TL Salz, 700 g Steckrüben, 700 g Kartoffeln, 2 Zwiebeln, $^1/_2$ Bund glatte Petersilie, frisch gemahlener weißer Pfeffer.

Mit „National" bezeichnet man im Norddeutschen ein Gericht, das als Schweinefleisch-Steckrüben-Eintopf gekocht wird.

Das Schweinefleisch in $1^1/_2$ l kaltem Wasser mit 1 TL Salz zusetzen und bei mittlerer Hitze 60 Minuten köcheln lassen.
Inzwischen die Steckrüben putzen, die Kartoffeln waschen und schälen.
Die Zwiebel abziehen und alles in grobe Scheiben schneiden.
Das Fleisch aus der Brühe nehmen.
Rüben, Kartoffeln und Zwiebeln mit 1 TL Salz hinzugeben. Zugedeckt 30 Minuten garen. Die Petersilie waschen, trockenschütteln und hacken.
Das Fleisch in grobe Würfel schneiden und wieder in die Brühe zum Gemüse geben. Umrühren, pfeffern und mit der Petersilie überstreuen.

Birnen,
Bohnen und Speck

von Monika Bendschneider, Linden

4 dicke Scheiben durchwachsener Räucherspeck (je ca. 100 g), 600 g frische grüne Bohnen, 1 Zweig Bohnenkraut (oder 1TL getrocknetes), 8 kleine harte Kochbirnen, weißer Pfeffer aus der Mühle, $^1/_2$ Bund glatte Petersilie, Salz.

Die Speckscheiben in einen großen Topf legen, gut $^1/_2$ l Wasser angießen, zugedeckt erhitzen. Bei milder Hitze ziehen lassen.

Inzwischen die grünen Bohnen waschen und putzen, halbieren und bei Bedarf die Fäden abziehen. Zum Speck in den Topf geben, eventuell noch etwas heißes Wasser angießen. Das Bohnenkraut dazulegen, mit Pfeffer würzen. Zugedeckt ca. 15 Minuten weitergaren.

Die Birnen rundum schälen, aber nicht zerteilen. Mit Stumpf und Stiel auf die Bohnen in den Topf legen, alles zusammen weitere 10–12 Minuten köcheln. Die Birnen sollen weich sein, aber nicht zerfallen.

Die Petersilie waschen und trockenschütteln, fein hacken. Den Eintopf mit Pfeffer, eventuell mit Salz und 1 Prise Zucker abschmecken.

Mit Petersilie bestreut servieren.

Dazu Salzkartoffeln oder kleine neue Pellkartoffeln.

Früher wurden die Birnen beherzt am Stiel gepackt und rundum abgenagt, heute zerlegt man sie mit Messer und Gabel.

Bohnen und Rindfleisch

von Margret Wolter, Brunsbüttel

Bohnenkraut
gibt es frisch oder getrocknet als Bündel. Verliert getrocknet nicht an Würzkraft.

750 g Tafelspitz, 1000 g grüne Bohnen, 1 l Wasser, 2 Brühwürfel, Salz, Kräuterpfeffer, 1 Zweig Bohnenkraut, viel Petersilie.

Das Fleisch mit Salz und Pfeffer einreiben, etwa 60 Minuten im Folienbeutel im Kühlschrank liegen lassen.
Die zarten grünen Bohnen putzen und brechen.
Wasser und Brühwürfel im Schnellkochtopf ohne Deckel zum Kochen bringen, Fleisch und Bohnen hineingeben, den Topf schließen. Wenn der erste Ring erscheint, 45 Minuten kochen lassen. Nach dem Öffnen das Fleisch in kleine Scheiben schneiden und auf die mit viel Petersilie bestreuten Bohnen legen.

Dazu gibt es mehlig kochende Salzkartoffeln aus Dithmarschen.

Eier in Kräutersauce

750 g Kartoffeln, Salz, 6 Eier, 3 Becher (je 150 g) stichfeste saure Sahne, 4 EL Salatmayonnaise, je 1 Bund Schnittlauch und Petersilie, je $^1/_2$ Töpfchen Basilikum und Pimpernelle, 1 Zwiebel, Salz, frisch gemahlener weißer Pfeffer, nach Belieben grober Pfeffer zum Bestreuen.

Kartoffeln gut waschen und in kochendem Salzwasser ca. 20 Minuten garen.
Eier 10 Minuten hart kochen. Saure Sahne und Mayonnaise in einer Schüssel glattrühren. Kräuter waschen, trockenschütteln und, bis auf etwas zum Garnieren, fein schneiden. Die Zwiebel schälen und in feine Würfel schneiden. Beides unter die Sauce rühren. Mit Salz und etwas frisch gemahlenen Pfeffer abschmecken.
Kartoffeln abgießen, kalt abschrecken

und die Schale abziehen. Kartoffeln kurz warmstellen.

Eier schälen und halbieren, Pellkartoffeln, Eihälften und grüne Sauce anrichten. Mit Kräutern garnieren. Nach Belieben mit grobem Pfeffer bestreut servieren.

Blauschimmelbraten

von Heinke Nübel, Stelle

1500 g magerer Nackenbraten.
Ca. 250 g Quark, ca. 250 g schmackhafter Blauschimmelkäse, reichlich Kräuter (z. B. Petersilie, Schnittlauch, Frühlingszwiebeln), 2–3 Zwiebeln, Pfeffer, Salz, Knoblauch.

Den Nackenbraten beim Schlachter so aufschneiden lassen, dass das Fleischstück wie eine große Roulade aussieht. Den Knochen mitgaren, da dies einen guten Geschmack gibt.

Auf diesen ausgeklappten Nackenbraten wird eine gut vermengte Masse aus Quark, Blauschimmelkäse, reichlich Kräutern, Zwiebeln, Pfeffer und Salz nach Geschmack gestrichen.

Der Nackenbraten wird aufgerollt wie eine Roulade, festgesteckt und im Bräter bei 200 °C etwa 90 Minuten in den Backofen geschoben.

Dazu isst man Baguette, das in die nicht gebunden Sauce gestippt wird.

Oder es werden Salzkartoffel dazu gereicht.

Salzbraten

von Silke Bornholdt, Tellingstedt

1 vom Knochen ausgelöster Nackenbraten, gewürzter Pfeffer, 500 g Salz.

Den Nackenbraten von allen Seiten mit dem gewürzten Pfeffer bestreuen. Das Salz auf ein Backblech (Fettpfanne) gut verteilen. Den Nackenbraten darauf legen und bei 200 °C (normal, nicht Heißluft) ca. 2 Stunden garen lassen. Den Braten zwischenzeitlich nicht wenden! Das Fleisch mit einem Messer in Portionen schneiden.

Dazu reicht man Bechamelkartoffeln oder Bratkartoffeln mit einem Salat.

Auch schmecken Salzkartoffeln, Pilzsauce und Butterbohnen sehr gut dazu.

Jägertopf

von Silke Bornholdt, Tellingstedt

Für 10 Personen: 2000 g Schnitzelfleisch, 1/2 Packung Maggi-Würzmischung Nr. 1, 2 Packungen Scheibletten-Käse, 3 Stangen Porree, 4 Dosen Champignons, 1–2 Zwiebeln, 2 Scheiben Kasseler Kotelett, 2 Packungen Jägersauce, 5–6 Becher Sahne.

Schnitzelfleisch in Streifen schneiden und die Würzmischung mit dem Fleisch mischen und in einen Topf geben. Scheibletten-Käse oben darauf verteilen. Porree in Ringe schneiden und auf den Käse legen. Darüber die Champignons verteilen. Evtl. 1–2 Zwiebeln klein schneiden und auf die Pilze geben. Kasseler in kleine Würfel schneiden und auf die Pilze geben. Jägersauce mit der Sahne verrühren und über das Fleisch geben. Alles einen Tag vorher fertig machen und gut durchziehen lassen.

Mit geschlossenem Deckel ca. 2–2 1/2 Stunden bei 200 °C im Backofen garen. Nach 60 Minuten gut umrühren. Sollte nach Ende der Garzeit nicht genügend Sauce vorhanden sein, dann evtl. die Pilzflüssigkeit und etwas Milch zugeben.

Mit Kartoffeln und Reis servieren.

Frühlingszwiebeln sind auch als Lauchzwiebeln im Handel. Die silberweißen, kleinen Zwiebeln mit dem hell- bis dunkelgrünen Blattgrün werden gebündelt angeboten. Achten Sie auf glatte, unverletzte Außenhäute und elastisches, enganliegendes Blattgrün.

Schweinefilet einmal anders

von Angelika Raasch, Heide

1 mittelgroßer Strang Schweinefilet im Stück (enthäuten), 1 mittelgroßes Glas Kapern, 1 mittelgroße Zwiebel, ca. 5–7 Knoblauchzehen (nach Geschmack), 1 Packung Kräuter der Provence (tiefgekühlt), 2 Tassen kaltgepresstes Olivenöl, 1 EL Senf, Pfeffer, Salz.

Knoblauchzehen und Zwiebel kleinhacken und mit den anderen Zutaten in das Öl geben.
Das Schweinefilet in diese Marinade mindestens 24 Stunden einlegen und kalt stellen.
Schweinefilet und die Marinade in Alufolie einwickeln. Im vorgeheizten Backofen bei 180 °C (Umluft 160 °C) ca. 25 Minuten garen. Aus dem Backofen nehmen und noch 10 Minuten ruhen lassen.

Dann aufschneiden und mit Baguette servieren.

„Brutzelbraten"

von Angela Böckmann, Pahlen

500 g Schweinenacken und 500 g Schweineschulter, Salz, Pfeffer, 60 g Schweinefett oder Butter, 2 große Zwiebeln, 1 EL Mehl, $\frac{1}{8}$ l Sahne.

Das Fleisch mit Salz und Pfeffer einreiben und im heißen Fett von allen Seiten scharf anbraten. Wenig Wasser angießen und noch etwa 30 Minuten schmoren lassen.
Die geschälten Zwiebeln dazugeben und 30–40 Minuten weiter schmoren lassen. Das Fleisch in Stücke schneiden, den Fond mit Sahne und Mehl binden und über das Fleisch gießen.

Dazu Salzkartoffeln und Rote Bete oder Gemüse nach Jahreszeit.

Kräuterbraten

von Christa Elger, Heide

600 g Rindfleisch aus der Hüfte, Salz, Pfeffer, 5 EL scharfer Senf, je 2 Bund Petersilie und Schnittlauch, 2 Päckchen Gartenkresse, 6 Zwiebeln, 4 Knoblauchzehen, 125 ml fettarme Gemüsebrühe (Instant), 2 EL Stärkemehl, 1 kleine Dose Champignons.

Fleisch salzen, pfeffern und mit Senf bestreichen. Kräuter fein hacken und die Hälfte auf dem Braten verteilen. Fleisch in Alufolie wickeln, 24 Stunden ziehen lassen.

Am nächsten Tag die Zwiebeln schälen und mit dem ungeschälten Knoblauch und dem Kräuterbraten in eine Bratfolie geben. Folie verschließen. In die Fettpfanne legen und im vorgeheizten Herd bei 170 °C ca. 60 Minuten garen.

Bratfolie aufschneiden, den Braten mit den restlichen Kräutern einstreuen. Weitere 10 Minuten im Ofen garen. Zwiebeln und Knoblauch entfernen. Fleisch auf eine Platte legen und warm stellen.

Bratfond in einen Topf geben, mit der Brühe auffüllen. Die Sauce mit Stärkemehl binden.

Champignons abtropfen lassen und in der Sauce erwärmen. Fleisch aufschneiden und mit Sauce servieren.

Dazu passen Salzkartoffeln und junge Möhrchen.

Rostbraten

von Gesa Wichert, Hamburg

4 Rostbratenscheiben je 180 g, 1 TL Kümmel, 4 EL Bratfett, Salz, Pfeffer aus der Mühle, $1/2$ Tasse Mehl, 2 Becher saure Sahne, 1 Bund Petersilie.

Die küchenfertigen Rostbratenscheiben klopfen und mit Kümmel bestreuen. Fett in einer Pfanne erhitzen und das Fleisch darin auf einer Seite anbraten. Scheiben umdrehen und mit den mit Salz zerriebenen Knoblauchzehen bestreichen. Leicht pfeffern. Etwas mit Mehl bestäuben. Mit der sauren Sahne übergießen. In der Sauce werden die Rostbratenscheiben 30 Minuten gebraten.

Zum Schluß mit frisch gehackter Petersilie bestreuen

Wuddelschmaus

1000 g geräucherter, durchwachsener Speck, 1000 g Wurzeln, 1000 g Kartoffeln, 1–2 Stangen Porree, $^1/_4$ l Sahne oder Milch.

750 g Speck halbgar kochen, dann Wurzeln und etwas später Kartoffeln dazu. Den restlichen Speck in Würfel schneiden und den sehr fein geschnittenen Porree darin dünsten. Die inzwischen gegarten Wurzeln und Kartoffeln abgießen, den Speck herausnehmen, das Übrige stampfen. Den im Speck gedünsteten Porree und die heiße Sahne oder Milch dazu. Alles gut durcharbeiten, schlagen und abschmecken.

Schmorwurzeln

750 bis 1000 g geräucherter Speck, 1500 g Wurzeln, Wasser, $^3/_4$ l Milch, 500 g Mehl, 2–3 Eier, Salz.

Den Speck in Wasser kochen. Nach ca. 1 Stunde die in dicke Stifte geschnittenen Wurzeln hinzugeben. Beides zusammen gar kochen lassen. Dann den Speck herausnehmen, aber soviel Wasser auf den Wurzeln lassen, dass sie gut bedeckt sind. Brühe mit Salz abschmecken und die aus Mehl, Milch, Eiern und Salz hergestellten Klöße obenauf geben. Die Klöße gar werden lassen und das Ganze abschmecken (eventuell mit gekörnter Brühe).

Mit Roter Bete servieren.

Gartentopf

von Maike Gehrts, Nordhastedt

500 g Kartoffeln, 500 g Wurzeln, 40 g Margarine, 1 Brühwürfel, Salz, Paprika, Pfeffer, 500 g Porree, 4 Kochwürste, Petersilie.

Die Kartoffeln und Wurzeln schälen und in Scheiben schneiden und im Fett andünsten. $^1/_2$ l Wasser mit dem Brühwürfel zugeben und mit Salz, Paprika und Pfeffer würzen.
Porree in Ringe schneiden und mit den Kochwürsten zu den anderen Zutaten geben.
Alles 20 Minuten garen.

Vor dem Servieren mit gehackter Petersilie überstreuen.

Graue Erbsen

750 g graue Erbsen, Pellkartoffeln, durchwachsener Speck, Zwiebeln.

Die Erbsen 12 Stunden einweichen, in Salzwasser langsam gar kochen; Wasser abgießen.
Wenn die Erbsen gar sind, in eine Schüssel geben, Pellkartoffeln in Scheiben geschnitten mit Milch unterrühren. Den ausgelassenen Speck mit Zwiebeln darüber geben.

Rotkohl und frischen Salat dazugeben.

Kartoffelplätzchen

von Sigrid Schalkawies, Weddingstedt

750 g gekochte Kartoffeln, Salz, 50 g Butter, 150 g Mehl, 4–5 EL Milch.

Die Kartoffeln durchdrücken, mit der Butter, Mehl, Salz und Milch verkneten und zu einem Teig verarbeiten.
Kleine Kugeln formen und auf ein ausgelegtes Backblech geben. Die Kugeln plattdrücken und mit einer Mischung aus
Schinkenspeck, gewürfeltem Käse, grobem Salz, gehackten Zwiebeln, buntem Pfeffer und Thymian
belegen und bei ca. 200 °C goldbraun backen.

Schmecken zum Kartenspielen kalt und warm.

Speck-Bratkartoffeln

1000 g Kartoffeln, Salz, 2 Zwiebeln, 100 g durchwachsener geräucherter Speck. 50 g Butter, weißer Pfeffer.

Kartoffeln mit Schale waschen. In Salzwasser 30 Minuten garen. Abgießen. Kartoffeln abziehen und abkühlen lassen, in Scheiben schneiden. Geschälte Zwiebeln und durchwachsenen Speck fein würfeln. Fett in einer Pfanne erhitzen. Kartoffelscheiben darin anbraten. Zwiebeln und Speck zugeben und alles goldbraun braten. Mit etwas Salz und Pfeffer würzen.

Dazu schmeckt Sauerfleisch.

Freiland-Porree ist oft sandig: zum Waschen längs einschneiden und auseinanderdrücken

Krabbenpfanne

von Dörte Quastenberg, Wesselburen

1 Gemüsezwiebel, je 1 Paprikaschote (rot, gelb, grün), 1 Camembert 62 %, $\frac{1}{8}$ l Sahne, Salz, Pfeffer, evtl. grüner Pfeffer und etwas Knoblauch, 300 g Krabben, Petersilie, evtl. etwas Zitronensaft.

Gemüsezwiebel und Paprika putzen und in Streifen schneiden, mit den Gewürzen in etwas Pflanzenfett anschmoren, die Sahne hinzufügen. Dann den von der Rinde befreiten und in Würfel geschnittenen Camembert darin schmelzen lassen.
Krabben in der durch den Käse sämigen Sauce ca. 5 Minuten ziehen lassen. Mit Petersilie und evtl. Zitronensaft abschmecken

Ob grün, ob gelb, ob rot: Paprikaschoten sind vielseitig und voller Vitamin C

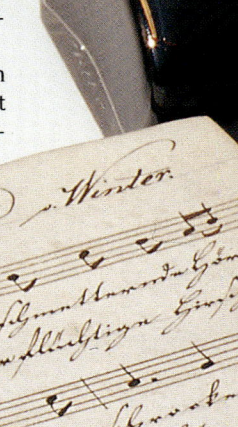

Büsumer Krabbensuppe

Frische Krabben sind selbst für Feinschmecker immer wieder etwas Köstliches.

750 g frische Nordseekrabben in der Schale, 1 kleines Bund Suppengrün, 60 g Butter, 30 g Mehl, $^1/_4$ l trockener Weißwein, 2 EL Tomatenketchup, 2 TL Krebsbutter, Cayennepfeffer, etwas Zitronensaft, 75 g tiefgekühlte junge Erbsen.

Krabben pulen, Suppengrün putzen und klein würfeln. Krabbenschale und Suppengrün in 30 g Butter anrösten und mit $^1/_2$ l Wasser auffüllen. Bei wenig Hitze ca. 30 Minuten kochen.

Das Mehl in der restlichen Butter anschwitzen. Weißwein, Tomatenketchup, Krebsbutter und die durch ein Sieb gegossene Krabbenbrühe unter Rühren dazugießen und 15 Minuten leise köcheln lassen. Mit Cayennepfeffer und

Schollen waschen, die Flossen mit einer Schere etwas kürzen. Schollen mit Zitronensaft beträufeln, mit Salz und Pfeffer würzen und in wenig Mehl wenden, überschüssiges Mehl abschütteln.
Den kleingewürfelten Speck ausbraten, die krossen Speckwürfel herausnehmen und warmstellen. Speckfett auf zwei große Pfannen verteilen, die Butter in die Pfannen geben, die Schollen auf beiden Seiten goldbraun braten.
Fisch mit der weißen Seite nach oben anrichten, mit den Speckwürfeln und der feingehackten Petersilie bestreuen und mit Zitronenscheiben servieren.

Dazu gibt es bei uns Kartoffelsalat.

Die Scholle ist ein Plattfisch, der nur an der Nordsee so heißt; die etwas fleischigeren aus der Ostsee nennt man „Butt".

Heiligenhafener Angeldorsch

von Annemarie Kunz, Lübeck

2 Angeldorsche (ca. je 800 g), 3 EL Salz, $^1/_8$ l Weißweinessig, 1 EL weiße Pfefferkörner, 2 Lorbeerblätter, 2 Zwiebeln, 1 Päckchen Fischgewürz, 50 g Butter, 30 g Mehl, $^1/_4$ l Milch, 2 EL grober Senf, 2 EL mittelscharfer Senf, Zitronensaft, Pfeffer aus der Mühle, Zucker.

Die Fische sehr gründlich waschen, wenn nötig die Bauchhöhle noch mit Salz ausreiben, um restliches Blut zu entfernen. 3 l Wasser mit Salz, Essig, Pfefferkörnern, Lorbeerblättern, grob zerteilten Zwiebeln und Fischgewürz in einem großen Topf zum Kochen bringen. Den Dorsch darin bei milder Hitze gar ziehen lassen, nicht kochen.
Butter schmelzen, das Mehl darin anschwitzen, mit $^1/_4$ l Wasser und der Milch unter Rühren ablöschen. Die Bechamelsauce 20 Minuten leise kochen lassen. Senf unterrühren, mit Zitronensaft, Salz, Pfeffer und Zucker abschmecken.
Fisch aus dem Sud heben und gut abtropfen lassen.
Auf einer vorgewärmten Platte anrichten.
Mit der Senfsauce und Kartoffeln servieren.

Einkaufstipp: Glatte Petersilie soll glänzende, zart bis dunkelgrüne, dagegen krause Petersilie kräftig grüne, dicht anliegende Blätter haben.

Zitronensaft würzig abschmecken. Die Erbsen auf einem Sieb kurz unter heißem Wasser abspülen, abgetropft zur Suppe geben und heiß werden lassen. Zum Schluß die Krabben zur Suppe geben, erhitzen und sofort servieren.

Cuxhavener Speckscholle

von Gerd Buttenschön, Hademarschen

4 frische Schollen, Zitronensaft, Salz, Pfeffer aus der Mühle, Mehl zum Wenden, 200 g durchwachsener Speck, 75–100 g Butter, 1 Bund glatte Petersilie, Zitronenscheiben.

Spargel mit Erbsen und Schinken

von Lucie Eschricht, Oldersbek

1000 g Spargel, 60 g Butter, 400 ml Gemüsefond oder Brühe, Zucker, 300 g Erbsen, 1 EL Speisestärke, 4 EL Zitronensaft, 1 Eigelb, Cayennepfeffer, 150 g Crème fraîche, ½ Bund Estragon, 1 dicke Scheibe gekochter Schinken (ca. 200 g).

Estragon
Einkaufstipp:
Die Blätter sollen
schwach glänzen

Den Spargel schälen und die Enden dünn abschneiden. Spargel in etwa 5 cm lange Stücke schneiden und in 1 EL Butter 2 Minuten unter Rühren andünsten.

Den Gemüsefond und eine Prise Zucker zugeben und alles aufkochen. Im geschlossenen Topf ca. 7 Minuten gerade eben kochen lassen. Die Erbsen zugeben und einmal aufkochen. Das Gemüse auf einem Sieb abgießen, den Sud dabei auffangen. Das Gemüse zugedeckt warm stellen.

Stärke und 3 EL kaltes Wasser verrühren. Den Gemüsefond aufkochen, die aufgelöste Stärke einrühren und kurz kochen lassen. Die Hitze reduzieren, den Zitronensaft und das Eigelb einrühren. Die restliche Butter in Flöckchen nach und nach unterrühren. Mit Salz und Pfeffer abschmecken. Die Crème fraîche unter die Sauce rühren.

Den Schinken würfeln und mit dem Gemüse unter die Sauce mischen. Langsam erhitzen, das Ragout darf nicht mehr kochen.

Den Estragon abspülen und trockentupfen. Die Blättchen abzupfen und hacken. Unter das Ragout mischen.

Spargel
Da es ihn nur für kurze Zeit im Jahr zu kaufen gibt, ist Spargel immer wieder etwas Besonderes. Spargel mit einem Spargelschäler unterhalb der Köpfe zum Ende hin schälen. Kochen Sie die Spargelschalen und -abschnitte aus, auch wenn Sie keine Suppe zubereiten möchten. In dem Fond gegart, schmeckt Spargel besonders aromatisch.

Grünen Spargel nicht schälen, es wäre schade um die Nährstoffe, die in der zarten Schale sitzen. Sie müssen nur das untere Ende abschneiden: Es könnte holzig sein.

Spargelplatte mit zweierlei Fleisch

von Sabrina Böckmann, Heide

800 g ausgelöstes Kasseler-Kotelett, 1 mittelgroße Zwiebel, 1 Lorbeerblatt, je 1000 g weißer und grüner Spargel, 800 g Kartoffeln, Salz, 1 Prise Zucker, 4 Putenmedaillons (je ca. 100 g) 1 EL Öl, weißer Pfeffer, 1 unbehandelte Zitrone, 125 g Butter-Sauce „Hollandaise".

Kasseler mit Wasser bedeckt aufkochen. Zwiebel und Lorbeer zugeben, ca. 45 Minuten gar ziehen. Weißen Spargel schälen. Von beiden Sorten die holzigen Enden abschneiden. Kartoffeln ca. 25 Minuten kochen. Abschrecken, pellen. Weißen Spargel in Salzwasser mit Zucker 20 Minuten kochen. Grünen Spargel nach 5 Minuten zugeben. Putenfleisch im heißen Öl je Seite 2–3 Minuten braten und würzen.

Zitronenschale abraspeln, Saft auspressen. Buttersauce und $1/8$ l Wasser aufkochen. Vom Herd nehmen, durchrühren. 3 EL Zitronensaft und die Hälfte der Zitronenraspeln unterrühren. Spargel abtropfen. Kasseler aus dem Sud heben, in Scheiben schneiden. Mit Spargel, Medaillons und Sauce anrichten.

Mit dem Rest der Zitronenraspeln garnieren.

Hühnerfrikassee im Pfannkuchen

von Kerstin Rohwedder, Schlichting

600 g gekochtes Hühnerfleisch, Salz, Pfeffer, 1 Knoblauchzehe, 125 g Mehl, 2 Eigelbe, 1 Ei, 125 ml Milch, 1 Zwiebel, 1 Möhre, 1 Frühlingszwiebel, 450-ml-Dose Champignons, 3 EL Butterschmalz, 125 ml Hühnerbrühe, 3 EL Schmand, Petersilienblättchen.

Das Fleisch in ca. 2 cm große Würfel schneiden, mit Salz, Pfeffer und gepresstem Knoblauch würzen.
Das Mehl mit Eigelben, Ei, Milch und $1/8$ l Wasser zu einem Teig verrühren, dann 20 Minuten ruhen lassen.
Zwiebel schälen, sehr fein hacken.

Möhre und Frühlingszwiebel putzen, waschen, Pilze abtropfen lassen, vierteln. Möhre grob raspeln, Frühlingszwiebel in Ringe schneiden.
Zwiebel in 1 EL heißem Schmalz glasig dünsten, Möhren, Frühlingszwiebel und Pilze zufügen, 8 Minuten garen. Brühe zugießen, gar köcheln. Fleisch und Schmand unterheben, erhitzen.
Teig in restlichem Schmalz zu Pfannkuchen ausbacken. Je zwei auf Tellern anrichten, mit Frikassee füllen und mit Petersilienblättchen bestreuen.

Ente oder Hähnchen

von Marleen Schneider, Kaiser-Wilhelm-Koog

1 Ente oder Hähnchen (ca. 2000 g), 1 Bund Suppengemüse, Pfeffer, Salz, Curry, Paprika.

Einen Bräter mit $2^{1}/_{2}$ Tassen Wasser und dem gewürfelten Suppengemüse füllen.

Die Ente oder das Hähnchen trocken tupfen und mit Pfeffer, Salz, etwas Curry und Paprika würzen und oben auf das Gemüsebett legen. Im Ofen ca. 2 Stunden garen.

Das abgegossene Wasser von den gekochten Salzkartoffeln in den Bräter gießen, die Ente herausnehmen und die Sauce durchseien und binden, evtl. etwas nachwürzen.

Überbackene Hähnchenbrust
von Anneliese Stahl, Meldorf

1 Packung Hähnchenbrustfilets, ca. 5–6 dünne Scheiben Bauernschinken, 4 Ecken Kräuterkäse, 1 Becher Sahne, 2 gehäufte EL Instant-Brühe, Milch.

Die Brühe in 1 l Wasser erhitzen und etwas Milch dazu geben und mit dem Käse und der Sahne aufkochen. Gut verrühren, evtl. mit etwas weißem Saucenbinder andicken.

Die Hähnchenfilets mit dem Schinken umwickeln und in eine etwas gefettete Auflaufform legen und bei 180 °C etwa 30 Minuten anbraten. Käsesauce darüber gießen, mit Käsestreifen bestreuen und noch 15–20 Minuten überbacken. Dazu Reis und Kartoffeln.

Kaninchen und Hähnchen mit Pflaumen
von Anke Junge, Dellstedt

Für 6 Personen: *250 g getrocknete Pflaumen, 0,7 l Rotwein, 1 Hähnchen (ca. 1000 g), Kaninchen (ca. 1200 g), 3 Knoblauchzehen, Salz, Pfeffer, 500 g Möhren, 1 Bund Thymian, 200 g Sahne.*

Die Pflaumen ohne Stein mit Rotwein übergießen und mindestens 60 Minuten stehen lassen. Das Hähnchen und das Kaninchen in Portionsstücke teilen. Die Knoblauchzehen zerdrücken.

Das Fleisch mit Salz, Pfeffer und Knob-

lauch kräftig einreiben. Fleischstücke von allen Seiten braun anbraten.

Die Möhren putzen und in Scheiben schneiden.

Das Fleisch in einen Bräter legen, Pflaumen aus dem Rotwein nehmen und zum Fleisch geben. Mit dem Rotwein den Bratsatz loskochen und zusammen mit den Möhren über das Fleisch geben. Thymian und die Sahne dazugeben.

Den Deckel auf den Bräter legen und in den kalten Bratofen stellen. Bei 200 °C 70 Minuten garen. Dann den Deckel abnehmen und weitere 15 Minuten garen. Im abgeschalteten Ofen noch etwas stehen lassen.

Dazu schmeckt ein gemischter Salat, Baguette und Reis.

Käse-Putenröllchen
8 dünne Scheiben Putenbrustfilets, Salz, Pfeffer, 2 Bund glatte Petersilie, 4 Scheiben Edamer, 8 Scheiben Frühstücksspeck, 3 EL Butter, $\frac{1}{8}$ l Klare Brühe, 100 g Schlagsahne, 2 TL Saucenbinder für helle Saucen.

Putenbrustfilets mit Salz und Pfeffer bestreuen. Mit gehackter Petersilie bestreuen, darauf je eine halbe Scheibe Käse legen. Das Fleisch aufrollen und mit Speck umwickeln. Feststecken. Im heißen Fett rundherum anbraten. Brühe zugießen und alles zugedeckt 15 Minuten schmoren. Die Putenröllchen herausnehmen und warm stellen. Sahne abgießen. Saucenbinder einstreuen, aufkochen und mit Salz und Pfeffer abschmecken. Über die Putenröllchen gießen.

Mit Porree und Salzkartoffeln servieren.

Thymian
Einkaufstipp: Frischer Bund Thymian muß elastische, getrockneter möglichst dünne Stengel haben.

Hacksteaks

von Heiko Schrader, Heide

*1 grüne Paprikaschote, 2 rote Pe-
peroni, 1 Zwiebel, $^1/_2$ Bund Koriander oder Petersilie, 600 g gem. Hackfleisch, 3 EL Maiskörner, 1 Ei, 2 EL
Semmelbrösel, Salz, Pfeffer, 1 TL
edelsüßes Paprikapulver, 2 EL Pflan-
zenöl, 4 Scheiben Toast, 2 Tomaten,
$^1/_2$ Salatgurke, feurige Grillsauce.*

Paprikaschote und Peperoni putzen, waschen, Zwiebel abziehen. Alles klein
würfeln. Koriander oder Petersilie waschen, fein hacken.

Die Gemüsewürfel, Kräuter, Hack, Mais,
Ei und Semmelbrösel verkneten. Mit
Salz, Pfeffer und Paprikapulver würzen.
4 flache Steaks formen.

Den Boden einer beschichteten Pfanne
mit Öl bestreichen. Erhitzen, die Steaks
von jeder Seite ca. 4 Minuten braten.

Tomaten und Gurke waschen, in dünne
Scheiben schneiden. Das Toastbrot damit belegen. Darauf die Hacksteaks mit
etwas Grillsauce anrichten.

Gefüllte Hackbällchen
von Ute Schütt, St. Michaelisdonn

1 Zwiebel, 1 Knoblauchzehe, 500 g gem. Hackfleisch, 1 Ei, 2 EL Semmelmehl, Salz, Pfeffer, Kreuzkümmel, 2 Stiele Thymian, 150 g Frischkäse mit feinen Kräutern der Provence, 4 EL Öl.

Zwiebel und Knoblauch abziehen, fein hacken. Hack, Ei und Semmelmehl in eine Schüssel geben. Mit Salz, Pfeffer und Kümmel würzen. Thymianblättchen von den Stielen zupfen und zufügen. Alles gut miteinander verkneten. Aus der Hackmasse 12 Bällchen formen. Dabei je etwa 1 TL Frischkäse in die Mitte geben. Das Öl erhitzen und die Hackbällchen darin rundherum braten. Dazu frischer Tomatensalat und Weißbrot (Toast).

Zimt-Fleischbällchen mit Füllung
von Birgit Teckentrup, Hamburg

500 g Rinderhack, 1 fein geriebene Zwiebel, 1 Ei, 1 EL (oder auch mehr) Zimt, 1 TL Rosenpaprika, Salz, Pfeffer.
Füllungen: *Mit Pinien- oder Walnusskernen, mit gehackter Petersilie und kleinen Käsewürfeln oder die Bällchen vor dem Braten in Sesam rollen.*

Aus den Zutaten einen geschmeidigen Teig herstellen und frikadellengroße Bällchen formen und in die Mitte eine Mulde drücken, Füllung hinein und wieder verschließen.
Die Bällchen in einer heißen Pfanne braten.

Bouillon
Fleischbrühe, durch das Kochen von Fleisch und Knochen, Gemüse und Gewürzen gewonnen – Basis für Suppen und Saucen. Der Ausdruck kommt aus dem Französischen: Bouillir heißt kochen.

Hackfleischtopf
von Maren Fürst, Drage

1 EL Öl, 2 große Zwiebeln, 500 g Rinderhack, 1 Stange Lauch, $\frac{1}{8}$ l Bouillon, 1 EL Senf, 1 TL edelsüßes Paprikapulver, 1 TL Salz, $\frac{1}{4}$ l Sahne.

Rinderhack mit den gewürfelten Zwiebeln im Öl anbraten.
Lauch (ca. 100 g) in Ringe geschnitten, mit Bouillon, Senf, Paprika und Salz darin schmoren lassen. Zum Schluss die Sahne dazugeben.

Mit Kartoffeln oder Reis servieren.

Zwiebeln mit Fleischbällchen
von Sigrid Schalkawies, Weddingstedt

500 g kleine Zwiebeln, 1 TL Zucker, 20 g Bratfett, $^1/_2$ l Fleischbrühe (Würfel), 1 EL Mehl, $^1/_8$ l saure Sahne, 375 g gem. Hackfleisch, 1 Brötchen, 1 Ei, Salz, Pfeffer, Paprikapulver, 1 Bund Dill, 2 EL eingelegte Tomatenpaprika, 1 Bund Petersilie.

Zwiebeln schälen und kalt abwaschen. Fett in einem Schmortopf erhitzen, den Zucker unterrühren und schmelzen lassen. Die Zwiebeln dazugeben und rundherum hellgelb anrösten. Mit Fleischbrühe auffüllen und 15 Minuten leise kochen lassen. Das Mehl mit Sahne verquirlen und die Sauce damit binden.
Aus Hackfleisch, dem eingeweichten und ausgedrückten Brötchen, Ei, Salz, Pfeffer und Paprikapulver einen Fleischteig kneten.
Kräuter feinhacken und die Hälfte davon unter den Fleischteig mischen. Kleine Fleischklößchen formen, zu dem Zwiebelgemüse geben und 8 Minuten mitgaren lassen. Alles in eine Schüssel füllen. Die restlichen gehackten Kräuter darüberstreuen und mit Tomatenpaprikastreifen garnieren.

Dazu einen grünen Salat, Baguettebrot, Reis und natürlich ein Dithmarscher Bier.

Zwiebel-Bohnen-Gemüse mit Lamm
von Brigitte Korthals, Tönning

1000 g Dicke Bohnen (250 g netto), 300 g rote Zwiebeln, 3 EL Öl, 4 Knoblauchzehen, $^1/_4$ l Brühe, 1 TL Rosmarinnadeln, 1 TL frische Thymianblättchen, Salz, schwarzer Pfeffer aus der Mühle, 8 Lammkoteletts.

Die Bohnen aus den Schoten und aus den Häutchen lösen.
Zwiebeln schälen und vierteln. Öl in einer Pfanne oder einem Topf erhitzen, Zwiebeln darin kurz anbraten, Knoblauch schälen, in feine Scheiben schneiden, mit anbraten.
Bohnen untermischen, dann die Brühe angießen. Mit Rosmarin, Thymian, Salz und Pfeffer kräftig würzen. Zugedeckt bei milder Hitze 20–30 Minuten schmoren. Ab und zu umrühren.
Restliches Öl in einer Pfanne erhitzen, die Lammkoteletts darin je nach Dicke von jeder Seite 3–6 Minuten braten. Salzen und pfeffern.

Gemüse und Lammkoteletts mit Baguette servieren.

Zwiebeln aufbewahren
Zwiebeln treiben bei längerer Lagerung nicht aus, wenn man sie in Alufolie gewickelt in den Kühlschrank legt. Zwiebelreste bleiben einige Tage gekühlt frisch, wenn man die Schnittflächen mit Butter einreibt und die Stücke in Alufolie wickelt

Dicke Bohnen
Ihre weißgrünen, saftigen Kerne sind ein Genuss. Sie sitzen zu fünft in ca. 14 cm langen grünen Hülsen und müssen ausgepalt werden. Der Abfall ist enorm: Von 1000 g Bohnen bleiben etwa 250 g Kerne übrig, die am selben Tag verarbeitet werden müssen, sonst trocknen sie aus.

Kartoffel mit Krabben und Gurke

8 gleichgroße Kartoffeln von je 250–300 g, Alufolie, Öl zum Bepinseln.

4 Frühlingszwiebeln (oder 2 dünne Stangen Lauch), 1 halbe Salatgurke, 1 Bund Dill, 4 EL Öl, 6 EL Zitronensaft, Salz, weißer Pfeffer aus der Mühle, 200 g Nordseekrabben, 3–4 EL saure Sahne.

Übrigens:
Aus dem ausgehöhlten Inneren der Kartoffeln können Sie am nächsten Tag eine Suppe oder auch Kartoffelplätzchen bereiten.

Die Kartoffeln zunächst gründlich unter fließendem Wasser abbürsten und abtrocknen. Mehrmals mit einer Gabel einstechen, damit sie beim Backen nicht aufspringen. 8 genügend große Stücke feste Alufolie mit der glänzenden Seite nach oben auf die Arbeitsfläche legen und mit dem Öl bepinseln. Jede Kartoffel in ein Stück Folie wickeln. Auf ein Blech oder Rost legen. Dann in die Mitte des auf 225 °C vorgeheizten Ofens schieben. Je nach Sorte und Größe der Kartoffeln zwischen 50–80 Minuten backen, bis sie durch und durch weich sind.

Zum Aushöhlen die Alufolie öffnen. Von jeder Kartoffel der Länge nach eine Kappe abschneiden und die Kartoffeln mit einem Löffel bis auf einen $1^1/_2$ bis 2 Zentimeter dicken Rand aushöhlen.

Während die Kartoffeln garen, die Füllung vorbereiten: Die Frühlingszwiebeln putzen und in ganz dünne Scheibchen schneiden. Die Gurke schälen, längs halbieren und die Kerne mit einem Löffel entfernen. Gurke in kleine Würfel schneiden. Dill kurz abspülen, trockentupfen, ein paar Spitzen zum Dekorieren beiseite legen, den restlichen Dill hacken.

Aus Öl, 4 EL Zitronensaft, Salz und Pfeffer eine Marinade rühren. Frühlingszwiebeln, Gurke, Dill und die Krabben zufügen, untermengen, ziehen lassen.

Die Kartoffeln aushöhlen und vom ausgehöhlten Kartoffelinneren 2–3 EL abnehmen und mit der sauren Sahne glattrühren. Mit Krabbenfüllung vermischen und mit Salz, Pfeffer und Zitronensaft abschmecken. In die heißen Kartoffeln füllen, mit Dillspitzen verzieren.

Kartoffel mit Schinken und Brokkoli

8 gleichgroße Kartoffeln von je 250–300 g, Alufolie, Öl zum Bepinseln.

200 g Brokkoli, Salz, 300 g gekochter Schinken, 1–2 TL Tomatenmark, 1 Becher Crème fraîche (150 g), 6–8 EL Milch, Pfeffer aus der Mühle, frisch gemahlene Muskatnuss.

Die Kartoffeln vorbereiten wie bei dem Rezept „Kartoffel mit Krabben und Gurke" beschrieben und im Ofen backen.

Für die Füllung den Brokkoli putzen und in sehr kleine Röschen teilen. Für 1–2 Minuten in sprudelnd kochendem Salzwasser blanchieren. Kalt abschrecken und gut abtropfen lassen.

Vom Schinken den Fettrand entfernen und die Hälfte des Schinkens in kleine Würfelchen schneiden. Den Rest grob würfeln und mit dem Tomatenmark sowie 3 EL Crème fraîche mit dem Pürierstab oder im Mixer sehr fein pürieren.

Die Kartoffeln aushöhlen und vom Kartoffelinneren 3 gehäufte EL abnehmen und mit der restlichen Crème fraîche glattrühren. Mit der Milch unter die Schinkenmasse rühren, die schön cremig sein soll. Eventuell noch mal kurz pürieren. Schinkenwürfel und die Hälfte der Brokkoliröschen unterheben. Mit Salz, Pfeffer und Muskatnuß abschmecken. In die heißen Kartoffeln füllen und mit dem restlichen Brokkoli garnieren, sofort servieren.

Kartoffel mit Kerbelcreme und Räucherlachs

8 gleichgroße Kartoffeln von je 250–300 g, Alufolie, Öl zum Bepinseln.

$1\frac{1}{2}$ Becher Crème fraîche, $\frac{1}{8}$ l Milch oder Buttermilch, 100 g Kerbel, Salz, weißer Pfeffer, $\frac{1}{2}$ Bund Radieschen, 100 g Räucherlachs in Scheiben.

Die Kartoffeln vorbereiten wie bei dem Rezept „Kartoffel mit Krabben und Gurke" beschrieben und im Ofen backen.

Die Crème fraîche mit Milch oder Buttermilch cremig rühren. Kerbel kurz abspülen, fein hacken und unter die Creme mischen. Mit Salz und Pfeffer würzen. Die Radieschen putzen und mit Schale in streichholzfeine Stifte, den Lachs in Streifen schneiden. Die Hälfte der Radieschen unter die Kerbelcreme mischen.

Die Kartoffeln aushöhlen und mit der Kerbelcreme füllen. Den Lachs und auch die restlichen Radieschen gleichmäßig darauf verteilen.

Kerbel
Ein Kraut, das Frühlingsfrische in die Küche bringt: Es schmeckt wie eine Mischung aus Petersilie und Anis. Die fein gefiederten Blättchen werden im Ganzen von den Stengeln gepflückt.

Gurken-Remoulade
von Christa Korinth, Tellingstedt

1 Glas Gurken (Füllmenge 670 g), 1 rote Paprika, 1 Zwiebel, 2 grüne Äpfel, 1 Päckchen Kresse, 200 g Crème fraîche, Salz, $1^{1}/_{2}$ TL Zucker, frisch gemahlener Pfeffer, 2 EL Öl.

Gurken auf der Rohkostscheibe in feine Streifen schneiden, Paprika halbieren und entkernen, Zwiebel abziehen. Paprika, Zwiebel und Äpfel in Würfel schneiden.
6 EL Gurkenwasser, Crème fraîche, Salz, Zucker, Pfeffer und das Öl verrühren und mit den anderen Zutaten vermischen.

Schmeckt sehr gut zu Pellkartoffeln und Sauerfleisch.

Remouladensauce
von Silke Bornholdt, Tellingstedt

250 g Quark, 1 kleines Glas Mayonnaise, 2 harte Eier, einige saure Gurken, Zwiebeln, 1 Dose Pilze.

Quark und Mayonnaise verrühren. Alle anderen Zutaten klein hacken und unterrühren.

Specksauce mit Pellkartoffeln
von Anneliese Stahl, Meldorf

1 l Vollmilch, 250–375 g durchwachsener Speck.

Die Pellkartoffeln kochen, abpellen und warm halten.
Den durchwachsenen Speck in Würfel schneiden und in der Pfanne braun braten, dann in einen etwas größeren Topf geben und die Milch dazu gießen. Langsam aufkochen und mit weißem Saucenbinder andicken. Leicht salzen, da der Speck schon sehr salzhaltig ist.

Dazu Gewürzgurken und Rote Bete.

Pilzsauce
von Silke Bornholdt, Tellingstedt

2 Dosen Pilze (ca. 1 Dose für 3 Personen), 2 Becher Schmand, Sahne und Milch, etwas Salz und Pfeffer.

Pilze klein schneiden und in Butter anbraten, dann die Becher Schmand dazugeben und schmuddeln lassen. Danach Sahne und Milch und auch die Pilzflüssigkeit dazugeben (soviel wie Sauce benötigt wird). Mit Salz und Pfeffer abschmecken. Sollte die Sauce zu dünn sein, wird sie mit etwas ausgerührtem Mehl angedickt.

Schmeckt gut zum Salzbraten oder zu Schnitzel.

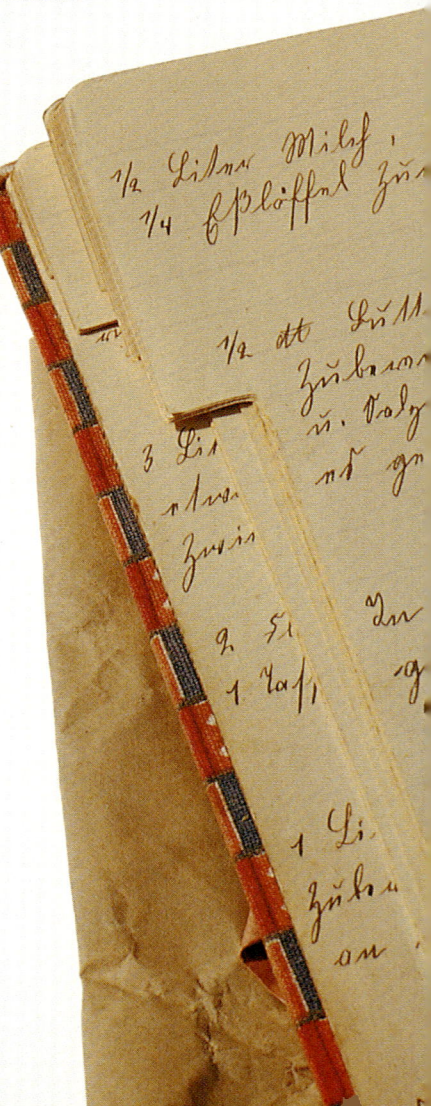

...en.

...ten Teelöffel ...

...oßen.
4 Löffel ...k, etwas Salz.
Butter, etwas Salz schlagen. Und ...
Salles Wasser hinzu.

Kräuterknödel.
In Butter dämpf man einige Minuten
...n Petersilie, ...gious, etwas Wasser wird
... u. etwas Zitronenschale. Ausgezeichnet ...
..., ...lat u. Film.

...ischen.
Eigelb mit einer Zitrone verrühren. Immer mit
... Schneebesen schlagen u. nicht heiße Butter
...schlagen. Man muß auf passen, daß es
... anfängt zu kochen, dann sofort wegchen

Dithmarscher weißer Mehlbeutel

4 Eier, ³/₄ l Milch, 750 g Mehl, 50 g Zucker, 1 Prise Salz.

Die Eier werden mit Salz und Zucker mit dem Schneebesen geschlagen. Danach werden Milch und Mehl zugefügt und das Ganze zu einem Teig angerührt.
Eine Serviette (Leinentuch) wird mit kochendem Wasser befeuchtet und ausgedrückt. Danach wird damit eine passende Schüssel ausgelegt. Nach dem Ausmehlen des Tuches wird der angerührte Teig eingefüllt, anschließend mit Mehl bestreut und das Tuch über dem Teig fest zugebunden, dabei genügend Luft lassen, damit sich der Teig ausbreiten kann. Über zwei gekreuzte Kochlöffel in einen Topf mit kochendem Wasser hängen. Der Teig sollte knapp bedeckt sein. Nach einer zweistündigen Kochzeit wird der Mehlbeutel, nach einer Ruhezeit von 5 Minuten, auf eine Platte gestürzt.
Zum Mehlbeutel werden dann neben einer Fruchtsauce Salz- oder Pellkartoffeln mit Schweinebacke und Zwiebelfett (oder Senfsauce) gereicht.

In manchen Haushalten werden Schweinebacke und Kartoffeln nicht gleichzeitig mit, sondern nach dem Mehlbeutel gegessen.

Bunter Mehlbeutel

Zutaten: Wie beim weißen Mehlbeu-
tel – außerdem 500 g Rosinen und
evtl. 250 g Korinthen.

Zubereitung wie beim weißen Mehlbeu-
tel. Nach dem Stürzen wird der bunte
Mehlbeutel jedoch reichlich mit Butter-
flöckchen, Zimt und Zucker bestreut.
Dazu gibt es geschmolzene Butter oder
Fruchtsauce.
Vorweg kann eine pikante Suppe ge-
reicht werden.

Schwarzer Mehlbeutel

Zutaten: Wie beim weißen Mehlbeu-
tel – 3/4 l Milch wird jedoch durch
Blut ersetzt.

Zubereitung wie beim weißen Mehlbeutel.
Dieses Gericht wurde früher gern mit-
tags an Schlachttagen zubereitet. Als
Gewürz wird hier Kardamom verwendet.
Zum schwarzen Mehlbeutel wird eine in
der Bratröhre erhitzte Sauce aus Sirup
und Butter gereicht.

Schwarzer
Mehlbeutel ist ein
Schlachtefestgericht.
Seine schwarze
Farbe erhält er vom
Schweineblut. Die
Verwendung von Blut
zum Kochen ist zwar
nicht jedermanns
Sache, aber
unverzichtbarer
Bestandteil des
Originalrezepts.

Birnen und Teig

1500 g Birnen, $^3/_4$ l Wasser, Zucker, 100 g Schinkenspeck.
$^1/_2$ l Milch, 125–150 g Grieß, Salz, 3–4 Eier, 2 EL Mehl.

Die gekochten Birnen werden in die mit Speck ausgelegte Auflaufform getan. Der Grießklößeteig kommt oben auf und wird mit den restlichen Speckstreifen belegt. Die Birnenflüssigkeit wird angedickt und als Sauce gereicht.
Zubereitung der Grießklößchen: Milch aufkochen lassen, mit Grieß andicken, nach und nach die Eier hinzu und zum Schluß Mehl unterrühren.
Backzeit: 60 Minuten bei 175 °C.

Ofenkater

500 g Mehl, 40 g Hefe, Salz, $^1/_8$ l Milch, 120 g Zucker, 3 Eier, 250 g durchwachsener Speck, 1000 g gedünstete Birnenhälften.

Zuerst einen Hefeteig bereiten. Diesen 15 Minuten an einem warmen Ort gehen lassen. Mit dünnen Speckstreifen eine feuerfeste Form auslegen und die Birnenhälften darüber breiten. Den Hefeteig über die Birnen verteilen und das Ganze nochmals 15 Minuten ruhen lassen. Anschließend mit Speckstreifen belegen und 60–70 Minuten im Ofen bei 200 °C backen.

gen und unterheben. Eine Puddingform (2 l Inhalt) ausfetten und gut mit den Semmelbröseln ausstreuen. Den Teig einfüllen.

In den Backofen schieben und auf 180 °C schalten. Etwa 75 Minuten backen. Aus der Form stürzen.

Nudeln mit Mohn
von Birgit Teckentrup, Hamburg

400 g Bandnudeln, 100 g fein gemahlener Mohn, 100 g grob gehackte Haselnüsse oder Walnüsse, 100 g Butter, 100 g Zucker.

Die Nudeln in reichlich Wasser nach Packungsangabe kochen (al dente), abgießen, abschrecken und gut abtropfen lassen, warm stellen.

Das Fett schmelzen lassen, aber nicht bräunen. Die Nüsse, den Mohn und zum Schluss den Zucker unter das Fett rühren. Dann unter ständigem Rühren die Masse etwas karamellisieren lassen. Danach sofort mit den Nudeln vermischen.

Kirsch-Semmel-Pudding

Für 8 Portionen: *9 altbackene Brötchen, $^1/_2$ l Milch, 3 Eier, 120 g Zucker, 1 Prise Salz, abgeriebene Schale einer unbehandelten Zitrone, 100 g Marzipan-Rohmasse, 1 Glas Schattenmorellen (Abtropfgewicht 370 g).*

Fett für die Form, 1 EL Semmelbrösel für die Form.

Die Brötchen würfeln und in der Milch einweichen. Die Eier trennen, Eigelbe, Zucker, Salz und abgeriebene Zitronenschale schaumig schlagen. Brötchen, Marzipanwürfel und abgetropfte Kirschen unterrühren. Eiweiß steif schla-

Mein leckerer Joghurtpudding
von Anke Junge, Dellstedt

3 Becher Vollmilchjoghurt, ¹/₂ l Sahne, 200 g Zucker, 1 Vanillezucker, Zitronensaft nach Geschmack (2–3 EL), 3 Blatt weiße und 3 Blatt rote Gelatine.

Joghurt mit Zucker und Vanillezucker gut rühren, bis der Zucker gelöst ist. Zitronensaft dazugeben.
Die Sahne schlagen und unterheben und zum Schluss die gelöste Gelatine unterheben.

Oma's „Schiet un Schnee"
von Marleen Schneider, Kaiser-Wilhelm-Koog

Schokoladenpudding gekocht als Suppe, dann 1 oder 2 Eiweiß zu steifem Schnee schlagen. Mit einem EL Klöße abstechen und auf die aufgefüllte Schokoladensuppe setzen.

Beeren-Dessert

4 Blatt weiße Gelatine, ¹/₈ l Milch, 50 g Zucker, ¹/₂ unbehandelte Zitrone (Schale), 2 EL Johannisbeerlikör, 400 g körniger Frischkäse, 150 g schwarze Johannisbeeren, 150 g rote Johannisbeeren, 4 Beerenrispen zum Dekorieren.

Gelatine in kaltem Wasser einweichen, bis die Ränder weich sind. Milch mit Zucker, abgeriebener Zitronenschale und Johannisbeerlikör verrühren.
Gelatine leicht ausdrücken und in einer Tasse im Wasserbad auflösen. Dann mit der Milch kräftig verrühren. Frischkäse unterheben, bis zum Gelieren kalt stellen.
Beeren waschen und entstielen.
Frischkäsemasse abwechselnd mit den Früchten in 4 hohe Dessertgläser geben. Im Kühlschrank fest werden lassen.
Zum Servieren 4 Beerenrispen und Streifen von Zitronenschale auflegen.

Vanillezucker
Wenn Sie das Mark aus der Vanilleschote benötigen, werfen Sie die Schote nicht weg. Geben Sie sie mit Zucker in ein Schraubglas. Der Zucker nimmt das Aroma an und eignet sich dann hervorragend für Süßspeisen.

Quarkspeise
von Christa Korinth, Tellingstedt

500 g Magerquark, 1 Vanillezucker, 100 g Zucker, Mandarinensaft, ¹/₄ l Sahne, 1 Dose Mandarinen.

Magerquark, Vanillezucker, Zucker und 6 EL Mandarinensaft gut verrühren.
Die Sahne schlagen und dazutun, dann die abgetropften Mandarinen unterheben.
In Gläser oder Glasschüssel füllen und mit Borkenschokolade garnieren.

Zitronencreme
von Ruth Nissen, Brunsbüttel

4 Eier, 130 g Zucker, Saft und Schale von 2 Zitronen, 4 Blatt weiße Gelatine, ¹/₄ l geschlagene Sahne.

Eigelb und Zucker schaumig schlagen, Saft und die abgeriebene Schale der Zitrone zugeben. Die vorbereitete aufgelöste Gelatine unterrühren. Masse ziehen lassen, dann Sahne und Eischnee vorsichtig unterheben.

Fliederbeersuppe

von Gisela Schöbel, Hemmingstedt

375 g Fliederbeeren, 1¹/₄ l Wasser, 50 g Zucker, 125 g Apfel- oder Birnenscheiben, 1 Stück Zitronenschale, 25 g Kartoffelmehl.

Die Fliederbeeren werden gründlich gewaschen, von den Dolden befreit, mit Wasser und Zitronenschale weich gekocht und durch ein Sieb gerührt.

Die Apfelscheiben entweder ungeschält mit den Beeren zusammen weichkochen und durchrühren, oder geschält in der durchgestrichenen Suppe weichkochen. Das mit 2 EL Wasser verrührte Kartoffelmehl hinzugeben, aufkochen und die Suppe süßen.

Verfeinert wird die Suppe, wenn gekochte Grießklößchen in die fertige Suppe gelegt werden.

Rote Grütze

Je 250 g Johannisbeeren, Himbeeren und Sauerkirschen, ¹/₂ l schwarzer oder roter Johannisbeersaft, 1 Stück unbeh. Zitronenschale, 100–150 g Zucker, 4 gehäufte EL Speisestärke (50 g), evtl. 2 EL Mandelstifte oder -blättchen, 200–250 g Schlagsahne.

Früchte waschen und abtropfen lassen. Johannisbeeren von den Rispen streifen, Kirschen entstielen und entsteinen. Johannisbeeren, Himbeeren, Saft, Zitronenschale und Zucker aufkochen. Zugedeckt ca. 5 Minuten köcheln lassen.

Kirschen zugeben. Ca. 3 Minuten köcheln lassen. Stärke mit wenig kaltem Wasser anrühren, einrühren und aufkochen. Die Grütze evtl. nochmals mit Zucker abschmecken. Auskühlen lassen.

Mandeln ohne Fett rösten. Rote Grütze anrichten und mit den Mandeln bestreuen.

Dazu flüssige Sahne, Vanillesauce oder sehr steif geschlagene Schlagsahne.

Apfelgellee mit Sahnehäubchen

von Bente Voß, Großenrade

6 Blatt weiße Gelatine, $\frac{1}{2}$ l Apfelsaft, Saft von 1 Zitrone, 50 g Zucker, 1 Becher Sahne, 1 Päckchen Vanillezucker, 1 Apfel.

Gelatine 5 Minuten einweichen, ausdrücken und in dem erhitzten Apfelsaft, Zitronensaft und Zucker laut Anleitung auflösen.
In 4 Dessertgläser füllen und in Scheiben geschnittener Apfel an den Rand stecken, wie bei einem Cocktail.
1 Stunde in den Kühlschrank stellen. Die steifgeschlagene Sahne mit Vanillezucker mischen. Mit Pistazien oder Melisseblättchen sowie der Sahne verzieren.

Pistazien
in angebrochenen Beuteln und Dosen möglichst bald aufbrauchen. Oder in fest schließende Gefäße umfüllen und kühl lagern - maximal 4 Wochen lang. Sonst gehen Aroma und Farbe verloren.

Lebkuchenpudding mit Fruchtsauce

von Anneliese Stahl, Meldorf

Für 5–6 Personen: 125 g Lebkuchen, 1 Tafel Zartbitterschokolade, 80 g Butter, 4 Eier, 100 g Ursüße (Reformhaus), 1 gute Msp. gemahlene Vanille, 100 g süße Sahne, 50 g gemahlene Mandeln.
Für die Fruchtsauce: 250 g gemischte Früchte, 75 ml Portwein, 75 g Ursüße, 1 Stück unbehandelte Orangenschale, 1 Msp. Vanillepulver oder 1 Stück Vanilleschote, 1 Msp. Zimt. Etwas Fett für die Form.

Lebkuchen und Schokolade fein zerhacken. Butter, Eigelb, 60 g Zucker und Vanille in einer Schüssel schaumig rühren, nach und nach Lebkuchen und Schokolade unterrühren. Eiweiß mit dem restlichen Zucker steif schlagen und vorsichtig unter die Lebkuchenmasse heben. Eine feuerfeste Form mit Butter einfetten und mit Mandeln auslegen. Form füllen. Mit geschlossenem Deckel bei 600 Watt Mikrowelle in 8–10 Minuten garen. Abkühlen lassen und vorsichtig auf eine Platte stürzen.
Früchte mit Portwein, Zucker, Orangenschale und Vanillepulver oder Schote und den Zimt in eine Schüssel geben und ca. 10 Minuten garen.
Warm oder kalt zum Lebkuchenpudding reichen.

Beschwipste Schokoladencreme

von Marga Struve, Thaden

8 Blatt weiße Gelatine, $^1/_2$ l Milch, 3 Eigelb, 100 g Zucker, 1 Vanillezucker, $^1/_2$ l Sahne, 1 Glas Nuss-Nougat-Creme (400 g), 1 Prise Zimt, 2 Glas Weinbrand.

Gelatine in kaltem Wasser einweichen. Milch und Eigelb in einem Topf bei geringer Hitze dickschaumig aufschlagen. Topf von der Platte nehmen, ausgedrückte Gelatine darin auflösen, kaltstellen, bis sie zu galieren beginnt. Die Sahne steif schlagen, unter die gelierende Masse heben. Nutella und eventuell 1 Schuß Sahne, Zimt und Weinbrand zugeben, glattrühren, abschmecken. Diese Masse unter die Creme heben, kaltstellen.

Mit Sahnetupfer garnieren.

Vanilleeis mit Himbeersauce

von Dörte Kromrei, Heide

Für 2 Portionen: Kugeln oder Scheiben Vanilleeis, 2 Butterkekse, 1 EL Himbeersauce, Fächerwaffeln, Waffelröllchen, Himbeeren, Minzblätter, Puderzucker, 1 TL gehobelte Mandeln.

Das Eis auf die Kekse setzen, mit Himbeersauce, Waffelröllchen, Fächerwaffeln, Himbeeren und Minzeblättchen garnieren. Minzeblättchen mit Puderzucker bestäuben und das Eis mit den gerösteten Mandelblättchen bestreuen.

Omas Glühweintorte

von Susanne Kromrei, Hamburg

Glühwein: $^1/_4$ l kräftiger Rotwein, je 2 EL brauner Rum und brauner Zucker (30 g), 2 Msp. gemahlene Nelken, je 1 TL Zimt und Zitronensaft.
Teig: 250 g dunkles Brot, 8 Eier (getrennt), 300 g Zucker, Saft und Schale 1 unbehandelten Zitrone, je 50 g Zitronat und Orangenat, 120 g gemahlene Mandeln, 1 TL Zimt, 1 Msp. gemahlene Nelken, 1 gute Prise Salz.
Außerdem: 2 EL Aprikosenkonfitüre, 180 g Puderzucker, 2 cl Zitronensaft, 1–2 gehobelte, geröstete Mandeln, 12 Belegkirschen, 3 kandierte Orangenscheiben.

Für den Glühwein den Rotwein erhitzen (nicht kochen!), Rum, Zucker und Gewürze darunterrühren und zum Schluss den Zitronensaft zugeben. Für den Teig Schwarzbrot in Scheiben im Toaster oder im Backherd rösten, fein zerreiben oder mahlen. Den lauwarmen Glühwein über die Brotbrösel gießen und sehr gut durchziehen lassen, dabei einmal umrühren. Eigelbe mit 200 g Zucker, Zitronenschale und Zitronensaft schaumig rühren. Zitronat und Orangenat fein hacken und mit Mandeln, Gewürzen und dem getränkten Brot unterrühren. Eiweiß steif schlagen, restlichen Zucker nach und nach einrieseln lassen. Zuerst 3–4 EL Schnee unter die Masse rühren, dann den Rest unterheben.
Herd auf 200 °C vorheizen. Teig in eine gefettete Margaretenform füllen und auf der unteren Schiene 70 Minuten backen. Kuchen in der Form 10–15 Minuten auskühlen lassen und auf ein Kuchengitter stürzen.
Aprikosenkonfitüre in einem Topf erhitzen, durch ein Sieb passieren und den Kuchen damit einstreichen. Puderzucker mit dem Zitronensaft verrühren und den Kuchen damit überziehen. Den unteren Rand mit Mandeln einstreuen. Belegkirschen halbieren und Orangenscheiben in je 8 Teile schneiden. Kuchen damit garnieren.

Schmandtorte

von Christa Korith, Tellingstedt

65 g Butter, 75 g Zucker, $^1/_2$ Päckchen Backpulver, 200 g Mehl, 1 Ei
in eine gefettete Springform geben.

500 g Magerquark, 1 Becher Schmand, $^1/_4$ l Milch, 3 Eigelb, 1 Päckchen Vanillepuddingpulver, 1 Tasse Öl, 1 Vanillezucker, 150 g Zucker
auf den Teig geben und bei 175 °C 45 Minuten backen.

3 Eiweiß, 2 EL Zucker, 1 Päckchen Mandelblättchen
Das Eiweiß mit dem Zucker steif schlagen und auf den Kuchen geben.
Anschließend die Mandelblättchen auf das Eiweiß streuen und nochmals 15 Minuten backen.

Eistorte
von Silke Bornholdt, Tellingstedt

1 l Sahne, 125 g Puderzucker, 10 Päckchen Vanille-Zucker, 4 Eigelb, 125 g Puderzucker, 1 Buttervanille-Aroma, evtl. Eierlikör, Kokosraspeln, Schokoraspeln, Krokant, Erdbeeren oder etwas anderes.

Die Sahne mit Puderzucker und Vanille-zucker steifschlagen. Eigelb, Puder-zucker, Buttervanille-Aroma, Eierlikör oder andere Zutaten verrühren und unter die Sahne heben.
Reicht für 1 Tortenform.

Apfel-Biskuitrolle
von Sigrid Schalkawies, Weddingstedt

4 Eigelbe, 4 EL warmes Wasser, 125 g Zucker, 4 Eiweiß, 75 g Mehl, 50 g Stär-kemehl, 1 Msp. Backpulver.
$^1/_4$ l Sahne, 1 Päckchen Sahnesteif, 75 g Zucker, 500 g Äpfel, 2 EL Zitro-nensaft.

Eigelb und Wasser schaumig schlagen. Den Zucker dazugeben. Eiweiß steif schlagen, daraufgeben. Mehl, Stärke-mehl und Backpulver darübersieben und vorsichtig unterheben. Ein Back-blech mit Backpapier auslegen, die Masse daraufstreichen, im vorgeheizten Ofen bei 175–200 °C ca. 10–12 Minuten backen. Ein Geschirrtuch mit Zucker bestreuen, den Biskuit sofort darauf stürzen, das Papier abziehen und die Platte mit dem Tuch aufrollen.
Sahne mit Sahnesteif steifschlagen. Die Äpfel grob raspeln, mit Zitronensaft be-träufeln und unter die Schlagsahne he-ben, auf den abgekühlten Biskuitboden streichen und wieder aufrollen.
Ergibt ca. 16 Scheiben.

Haselnusskranz
von Silke Bornholdt, Tellingstedt

Teig: *300 g Mehl, 2 gestr. TL Back-pulver, 1 Ei, 100 g Zucker, 1 Vanille-zucker, 2 EL Milch oder Wasser, 125 g Butter.*
Für die Füllung: *200 g gemahlene Ha-selnüsse, 100 g Zucker, 4–5 Tropfen Bit-termandel, 1 Eiweiß, 4–5 EL Wasser.*
Zum Bestreichen: *1 Eigelb, 1 EL Milch.*

Alle Teig-Zutaten miteinander vermen-gen und zu einem Rechteck ausrollen. Auch alle Zutaten für die Füllung ver-mengen und auf den Teig verteilen. Dann das Rechteck aufrollen und auf ein Backblech legen. Eigelb und Milch ver-rühren und den Kranz damit bepinseln. Den Kranz oben mit einem Messer leicht einschneiden.

Bei 200 °C ca. 30–35 Minuten backen.

„Schwarzer Peter"
von Sophie Schnoor, Kiel

1 Ei, 150 g Zucker, 1 Päckchen Vanillezucker, 60 g Kakao, 150 g Kokosfett, etwas Rum, 35 Butterkekse.

Ei mit Zucker und Vanillezucker schaumig rühren, Kakao und das erhitzte, wieder abgekühlte Kokosfett nach und nach hineinrühren. Eine kleine Kastenform mit Backpapier auslegen, abwechselnd Keks- und Cremeschichten einfüllen, erkalten lassen. Nach dem Festwerden stürzen, nach Belieben mit Mandeln und kandierten Früchten verzieren.
In Scheiben geschnitten servieren.

Apfelstuten mit Quark
von Anke Junge, Dellstedt

250 g Magerquark, 150 g Zucker, 1 Prise Salz, 6 EL Öl, 3 Eier, 300 g Mehl, 1 Backpulver.

Alles zu einem Rührteig verarbeiten. Äpfel schälen, in kleine Stücke schneiden. Ungefähr 1 Teller voll untermischen. Mit dem EL Häufchen auf ein Backblech setzen und bei 200 °C backen, bis sie goldgelb sind.

Apfelstuten
von Andrea Tobegen, Wesselburen

125 g Butter, 200 g Zucker, 1 Päckchen Vanillezucker, 3 Eier, 500 g Mehl, 1 Päckchen Backpulver, etwas Milch, 1 gehäufter Teller Apfelstücke.

Rührteig herstellen, Äpfel untermischen, mit 2 EL auf ein mit Backpapier ausge-

Rührteig herstellen
Sämtliche Backzutaten lassen sich zimmerwarm am besten verarbeiten. Darum möglichst alle Zutaten 1 Stunde vor dem Backen aus dem Kühlschrank nehmen. Oder: Eier kurz in warmes Wasser legen, Butter auf der Heizung erwärmen.

legtes Blech setzen. 30–40 Minuten bei 200 °C backen. Schmeckt sehr lecker warm mit etwas Butter bestrichen.

Heiße Wecken
von Silke Bornholdt, Tellingstedt

500 g Mehl, 50 g Hefe, 60 g Zucker, 1/2 TL Salz, 125 g Rosinen, 1/2 TL Kardamom, etwas Zitronensaft, 1/4 l Milch, 160 g Butter.

Die Butter schmelzen und die Milch dazugeben. Alle Zutaten in einer Schüssel gut verkneten. Einmal gehen lassen, nochmals durchkneten und dann ca. 28 je 40 g oder 21 Wecken je 55 g formen und mit geschmolzener Butter bepinseln und flach drücken.
Auf dem Backblech nochmals gehenlassen und bei 170 °C (ohne Umluft) ca. 15 Minuten backen. Danach nochmals mit flüssiger Butter bepinseln.

Brausekuchen
von Birte Jasper, Wöhrden

4 Eier, 3 Tassen Mehl, 2 Tassen Zucker, 1 Tasse Öl, 1 Tasse gelbe oder weiße Limonade, 1 Päckchen Vanillezucker, 1 Päckchen Backpulver.

Aus den Zutaten in einer Schüssel einen Rührteig herstellen. Man kann zu dem Teig auch noch Schokoraspeln geben. Den Teig auf ein Backblech gießen (nicht rollen, dazu ist der Teig zu flüssig) und bei 200–220 °C ca. 20–25 Minuten backen.
Den fertigen Kuchen mit Früchten, je nach Jahreszeit, belegen.

Waffel für zwischendurch
von Heidi Karstens, Brokdorf

125 g Butter, 4 Eier, 250 g Weizenvollkornmehl, 3 g Backpulver, 300 g fettarmer Joghurt, einige Tropfen Vanil-

leextrakt, Salz, Saft von $\frac{1}{2}$ Zitrone, evtl. Milch.

Weiche Butter schaumig rühren. 4 Eigelb dazugeben und weiter rühren, bis eine schaumige Masse entstanden ist. Joghurt und das Mehl-Backpulver-Gemisch abwechselnd zufügen, zuletzt die Gewürze. Wenn der Teig zu fest ist, etwas Milch zufügen, bis eine Dickflüssigkeit erreicht ist. Ca. 20 Minuten quellen lassen. Den steifen Eischnee unterheben. Waffeln backen und auf einem Gitter abkühlen lassen.
Dazu Kompott oder Vanillesauce.

Anhalterkuchen
von Dörte Quastenberg, Wesselburen

250 g Butter, 5–6 Eier, 250 g Zucker, 250 g Mehl, 1 Prise Salz, 1 gestr. TL Backpulver, abgeriebene Schale von 2 unbehandelten Zitronen, 1–2 EL Rum, Semmelbrösel.

Einen Rührteig herstellen und in eine gefettete und mit Semmelbrösel ausgestreute Königskuchenform füllen.
Auf der untersten Schiene ca. 60–70 Minuten bei 175–200 °C backen.
Jetzt kann der Kuchen noch mit Schokoladenguss überzogen werden.

Delikates Käsebrot
von Karin Hillger, Bennewohld

500 g Weizenvollkornmehl (1050), 1 Würfel Hefe, 1 Ei, 1 TL Salz, 1 EL Zucker, 300 ml Buttermilch.
Füllung: 125 g Speisequark, 125 g Camembert oder Brie, 125 g Schafskäse, 1 Zwiebel (gerieben), 1 TL Paprika edelsüß, 2 EL gemischte Kräuter (frisch, gefroren oder getrocknet), 125 g gewürfelten Gouda.

Vorteig: 150 ml lauwarme Buttermilch mit Zucker und der zerbrockten Hefe vermischen und 20 Minuten gehenlassen.
Dann mit den restlichen Teigzutaten vermischen und anschließend 30 Minuten gehenlassen.
Die Füllungszutaten (ohne Gouda) gut vermischen (Küchenmaschine), erst zum Schluss den gewürfelten Gouda vorsichtig unterheben.
Den Teig auf fast Backblechgröße ausrollen. Füllung mittig aufbringen und mit dem Teig einschlagen.
Im Backofen bei 180 °C ca. 45 Minuten backen. Etwas abkühlen lassen, in dicke Scheiben schneiden.

Dazu passt trockener Rotwein.

**So „geht"
Hefeteig**
Heizen Sie den Ofen auf 50 °C vor. Dann den abgedeckten Teig in den geöffneten Ofen stellen. Übrigens: Beim Backen genau die angegebene Temperatur einhalten, sonst stirbt die Hefe ab und nichts geht mehr!

Inge's Tomatensaft

von Inge Numßen, Heide

700 ml Tomatensaft, $\frac{1}{2}$ TL Ingwer, Cayennepfeffer, Salz, Zucker, $\frac{1}{2}$ Zitrone, 1 Bund Schnittlauch.

Den Tomatensaft mit Ingwer, Cayennepfeffer, Salz und Zucker kräftig würzen. Etwas Zitronenschale abreiben, den Saft auspressen, beides hinzufügen.
Schnittlauch waschen und fein schneiden.
Den Saft in hohe Gläser füllen, 1–2 Eiswürfel hinzufügen. Mit Schnittlauch bestreuen.
Beliebig Zitronenstücke an dem Glasrand dekorieren.

Was ist Buttermilch?
Buttermilch entsteht bei der Butterherstellung, wenn das Milchfett sich durch Schlagen von seinen Eiweißteilchen befreit. Dann bilden sich die Butterklümpchen und das Milcheiweiß geht in Buttermilch über. Buttermilch ist besonders erfrischend, aber kalorienarm. Buttermilch ist reich an Lecithin, das eine bedeutende Rolle in unserem Fettstoffwechsel spielt, und enthält viele Minerale und Vitamine

Gemüse-Shake

Je 250 ml Magermilch und frisch gepreßter Gemüsesaft (aus Karotten, Sellerie, Roten Beten oder Salatgurke), 1 Knoblauchzehe, 1 TL mittelscharfer Senf, 2 EL Tomatenketchup, 1 Prise Meer- oder Jodsalz, weißer Pfeffer aus der Mühle, 1 Prise Cayennepfeffer, 2 EL feingehackte Pfefferminze.

Milch zusammen mit dem Gemüsesaft, der geschälten und gehackten Knoblauchzehe, dem Senf und dem Tomatenketchup im Mixer oder mit dem Pürierstab pürieren.
Das Ganze kräftig würzen und die Pfefferminze daruntermischen.

Schokoschnaps

von Maren Fürst, Drage

$\frac{1}{4}$ l Korn, 2 Gläser Rum oder Kognak, 150 g Zucker, 2 Päckchen Vanillezucker, 2 TL Kakao.

Alles erhitzen, nicht kochen. Abkühlen lassen.
Dann noch 2 Becher Sahne dazugeben.

Punsch von der Nordseeküste

3 geh. TL schwarzer Tee, $\frac{1}{2}$ l kochendes Wasser, 1 Flasche Rotwein, 2 Gewürznelken, 1 Stück Zimt, 1 Sternanis, 2 EL Zucker, Zitronensaft, Orangensaft, Kandiszucker.

Zuerst den Tee mit dem kochenden Wasser überbrühen, dann 5 Minuten ziehen lassen und absieben. Den Rotwein, Nelken, Zimt, Anis und den Zucker erhitzen und mit Zitronen- und Orangensaft abschmecken.

Mit Kandiszucker servieren.

Fliederbeersaft

von Gisela Schöbel, Hemmingstedt

Ca. 5000 g reife Holunderdolden, 500 g Zucker.

Die vollreifen gründlich gewaschenen Holunderdolden werden in einen Entsafter gefüllt. Unter Hinzufügen des Zuckers wird das Ganze zum Kochen gebracht. Ca. 45–60 Minuten sprudelnd kochen lassen.
Der Saft wird in saubere Flaschen gefüllt und kann dann nach Bedarf heiß oder kalt mit Zimt und Nelken als Punsch getrunken werden.

Buttermilch-Shake

4 TL löslicher Kaffee, 4 EL Kaffeelikör, 2 EL Puderzucker, 2 Päckchen Vanilinzucker, 750 ml Buttermilch, 100 g Schlagsahne, 2 TL Kakao.

Löslichen Kaffee mit 2 EL warmem Wasser verrühren. Kaffeelikör, Puder- und Vanilinzucker zufügen.
Gekülte Buttermilch kräftig unter die Mischung rühren und in 4 Sektkelche füllen.
Sahne halb steif schlagen und als Haube aufsetzen. Mit Kakao bestreuen und sofort servieren.

Erdbeer-Eis-Mix

Für 1 Person: *3 EL Erdbeersirup, $^1/_8$ l Buttermilch, 1–2 Kugeln Joghurt-Eiscrem, 1–2 schöne Erdbeeren mit Blättern und kleinen Blüten.*

Erdbeersirup in ein mittelgroßes Kelchglas gießen. Die umgerührte Buttermilch vorsichtig, am besten über einen umgedrehten Teelöffel so daraufgießen, daß sich die Schichten nicht vermengen.
Die Eiskugeln behutsam darauf setzen und alles mit der Erdbeere, den Blüten und Blättern verzieren.
Mit einem bunten Trinkhalm servieren.

Dithmarscher Kaffee

von Telse Funk, Wolmersdorf

1 l Wasser (knapp), 1 Ei, 12 TL gemahlener Kaffee.

Wasser zum Kochen bringen, das geschlagene Ei mit etwas kaltem Wasser verrühren, Kaffee dazugeben. Mischung ins sprudelnde Wasser schütten, 2–3 Minuten aufkochen und 10 Minuten ziehen lassen. Anschließend filtern.

Der Kaffee hat nun ein blankes Aussehen. Er ist vorzüglich im Geschmack und außerdem besonders bekömmlich.

Register

Sofern keine weiteren Angaben gemacht werden, sind die Rezepte für **vier** Personen gedacht.

Die Ratschläge in diesem Buch sind sorgfältig erwogen und geprüft, dennoch kann für das Gelingen eine Garantie nicht übernommen werden.

ISBN 3-8042-1086-4

Für die freundliche Unterstützung bei der Beschaffung der Rezepte danken wir dem
Nord-Anzeiger, Süd-Anzeiger und Heider Anzeigenblatt/Büsum Echo, Presseverlag Heide.
Fotografie und Styling der Rezepte: ppfotodesign, Nordhastedt.
Layout und Herstellung: Günter Pump
Druck: Boyens Offset, Heide.
Printed in Germany